●心輔叢書

兒童心理發展與
家庭教育 智慧

胡朝兵、張興瑜 主編

家長需要成長，
家庭教育是一門藝術。
掌握孩子心裡發展的
特點與規律，
父母會更智慧，
家庭教育會更科學，
家庭的港灣也會更溫暖。

崧燁文化

兒童心理發展與家庭教育智慧
目錄

目錄

序言

緒論 家庭水族館中的祕密

一、家庭水族館的原理與操作技術 11
    1. 家庭水族館技術的原理 11
    2. 家庭水族館技術的適用性 12
    3. 家庭水族館的分析技術 12

二、家庭水族館技術的實施與分析 13
    （一）缺少互動的家庭 14
    （二）消極互動的家庭 16
    （三）婚姻互動模式的影響 19
    （四）和諧家庭的互動模式 21

第一講 兒童心理與親子教育

一、嬰兒期心理特點與親子教育 25
    （一）嬰兒心理發展特點總述 25
    （二）家長在嬰兒期親子教育中常見的幾種語言傷害 ... 27
    （三）嬰兒期的親子教育 30

二、幼兒期心理特點與親子教育 34
    （一）幼兒期的一般心理特點 34
    （二）幼兒期親子教育中存在的迷思 34
    （三）幼兒期的親子教育 37

第二講 兒童遊戲與心理發展

一、兒童期的主要任務——遊戲 43
    （一）兒童遊戲的本質是什麼 43
    （二）兒童遊戲的種類與發展 46

二、兒童遊戲如何促進心理發展 ... 47
（一）遊戲與認知發展 ... 47
（二）遊戲與語言發展 ... 49
（三）遊戲與情緒發展 ... 50
（四）遊戲與社會性發展 ... 51
三、兒童遊戲的現狀及展望 ... 51
（一）兒童遊戲的現狀分析 ... 51
（二）兒童遊戲的未來展望 ... 52

第三講 學會獨立與克服依賴
一、樹立自己的事情自己做的觀念 ... 55
（一）父母要有培養孩子獨立能力的觀念與行動 ... 55
（二）家長不正確的觀念，阻礙了孩子能力的發展 ... 55
（三）無微不至的關懷並不被孩子所接受 ... 57
二、父母不斷給孩子以鼓勵和指導 ... 57
三、父母要把做事的機會還給孩子 ... 58
（一）給孩子一個空間，讓他自己去活動 ... 59
（二）給孩子一點時間，讓他自己去安排 ... 59
（三）給孩子一些條件，讓他自己去鍛鍊 ... 59
（四）給孩子一個問題，讓他自己找答案 ... 60
（五）給孩子一點困難，讓他自己去解決 ... 60
（六）給孩子一點權利，讓他自己去選擇 ... 60
四、在生活中做智慧的媽媽 ... 61

第四講 童年學習與思維發展
一、兒童的學習特點與因材施教 ... 65
（一）兒童的學習特點 ... 65
（二）因材施教的學習培養 ... 69
（三）活動體驗與案例啟示 ... 72

二、兒童思維發展的特點與訓練 74
　　　　（一）兒童思維發展的特點 74
　　　　（二）兒童思維品質訓練 76
　　　　（三）給家長對於兒童思維訓練的建議 80

第五講 獎懲原理與合理實施

　　一、獎勵與懲罰的心理學原理 83
　　　　（一）強化與懲罰 83
　　二、科學實施獎勵的教育策略 88
　　　　（一）及時性策略 88
　　　　（二）物質與精神獎勵相結合的策略 89
　　　　（四）定期與不定期獎勵相結合的策略 91
　　　　（五）避免獎勵錯誤的策略 92
　　三、科學實施懲罰的教育策略 93
　　　　（一）懲罰的依據標準 93
　　　　（二）懲罰的有效策略 94
　　四、獎勵和懲罰運用的藝術性 100
　　　　（一）比懲罰更深刻的獎勵 100
　　　　（二）被獎勵所懲罰 101
　　　　（三）被懲罰所獎勵 102
　　　　（四）避免獎懲效用的侷限 103

第六講 青春煩惱與情緒處理

　　一、青春期的煩惱與應對 105
　　　　（一）青春期的煩惱 105
　　　　（二）青春期的煩惱應對策略 108
　　二、青春期的情緒與調節 111
　　　　（一）青春期的情緒特點 111
　　　　（二）青春期情緒調控的方法 114

第七講 同伴交往與青春期戀愛輔導

一、同伴交往的價值 119
　　（一）交往是孩子的基本需要 119
　　（二）交往有利於孩子的智慧發展 119
　　（三）交往有利於孩子的心理健康 120
　　（四）交往是成功的前提 120
　　（五）交往能促進孩子提高社會適應能力 121
二、同伴交往的類型 121
　　（一）孤獨型 121
　　（二）偏交往型 122
　　（三）自我中心型 122
　　（四）善於交往型 123
　　（五）被動型 123
　　（六）能力缺乏型 123
三、同伴交往的問題 124
　　（一）不願交往 124
　　（二）不敢交往 126
　　（三）不會交往 126
四、同伴交往的迷思 128
　　（一）迷思一：朋友越多越好 128
　　（二）迷思二：孩子大聲說話，能給人開朗的感覺，這就是「會交際」 128
　　（三）迷思三：孩子還小，禮貌不周全沒關係 128
　　（四）迷思四：認識新朋友才是「交際」 128
　　（五）迷思五：孩子應該和「聰明」的孩子交往 128
　　（六）迷思六：父母代替孩子交往 129
五、如何讓孩子和同伴友好相處 129
　　（一）教孩子一些基本的人際交往禮儀 129

（二）家長應改變對孩子嬌寵溺愛的教育方式 130
　　（三）讓孩子獨自做客或招待客人 130
　　（四）家長可以鼓勵孩子多參加群體活動 130
　　（五）幫助孩子克服嫉妒心 131
　　（六）教育孩子要善待同學 131
六、家長如何對待孩子青春期戀愛問題 131
　　（一）青春期戀愛的特點及類型 132
　　（二）如何辨別青春期戀愛 133
　　（三）瞭解青春期戀愛的各種情況 134
　　（四）家長如何應對孩子青春期戀愛 134

第八講　考試焦慮與厭學輔導

一、焦慮與考試焦慮的含義 141
　　（一）焦慮的含義 141
　　（二）考試焦慮 142
二、考試焦慮的形成因素及應對策略 143
　　（一）考試焦慮的形成因素 143
　　（二）應對考試焦慮的策略 144
　　（三）臨考前焦慮的調控措施 150
三、家長要瞭解厭學的含義 152
四、厭學產生的原因及家長的主要輔導方法 153
　　（一）厭學產生的原因 153

第九講　職業生涯規劃與目標追求

一、兒童職業生涯規劃的必要性 161
　　（一）愛的責任——兒童有必要做職業生涯規劃嗎？ 162
　　（二）聚焦未來——兒童職業生涯規劃對未來的影響 162
　　（三）著眼當下——兒童職業規劃在當下的好處 163
　　（四）兒童職業規劃是父母送給孩子最好的禮物 163

二、認識職業生涯規劃 164
　　（一）理解職業生涯 164
　　（二）職業生涯的影響因素 165
　　（三）職業生涯規劃的核心要素 166
三、如何進行職業生涯規劃 167
　　（一）自我剖析的家庭教育——知己 167
　　（二）職業生涯規劃的社會體驗教育——知彼 173
　　（三）確立目標的行動力教育——決策和行動 174
四、生命事業的七個因數 179

序言

　　教師是一項神聖的職業，需要從事這項職業者具備相應的學識和能力，並通過考核和認定，才能擔當此任。

　　人們常說：父母是孩子人生的第一任甚至終生教師。可是我們為人父母之前鮮少參加任何形式的父母培訓以取得神聖的教師資格，即使孩子到了學校，邀請家長參加一些家長培訓，也有很多人不出席，因此我們常常戲言家長都是「無照駕駛」。

　　沒有駕駛執照的司機開車上路是一件很危險的事情，沒有相應的家庭教養知識能力者為人父母同樣危險。家庭教育是一項複雜的系統工程，也是一門學問，值得為人父母者不斷學習與探索並與孩子共同成長。

　　本書針對社區成員對家庭教育知識普及的需要，以兒童心理發展中可能出現的主要教育問題為主線，探討了從嬰兒到高中階段孩子的主要心理發展規律。

　　在內容上，一方面，有針對性地提供對策促進孩子心理健康成長，旨在教養與促進；另一方面，借鑑心理學的原理，採取有效的技術與方法處理孩子的不良行為，旨在輔導與矯正。本書適合家長和學校宣傳家教知識，可供廣大家長應用於家庭教育實踐中，促進父母提升和孩子成長以及維護家庭和諧，為幸福社區建設提供幫助。

　　從家庭教育講座吸引家長的角度，本書緒論安排了「家庭水族館中的祕密」，是用直觀形象的圖片展示孩子心中印象最深刻或家裡經常發生的場景，以喚起家長對家庭教育的共鳴。

　　兒童時期孩子的心理特點是什麼，家長應如何進行親子教育？兒童時期遊戲對孩子有怎樣的影響，家長應如何幫助孩子在遊戲中成長？兒童時期父母如何教育孩子學會獨立與克服依賴？童年時期孩子的學習和思維發展有何特點，父母應如何引導？父母如何對童年時期的孩子實施獎懲才符合心理學的原理？父母與青春期的孩子有怎樣的煩惱，如何進行情緒調節？如何指導

兒童心理發展與家庭教育智慧
序言

孩子進行正常的人際交往，避免青春期戀愛帶來的消極負面影響？考試焦慮是怎麼一回事，如何讓厭學的孩子重拾信心？如何讓孩子進行職業生涯規劃，選擇自己喜歡和擅長的人生道路，為自己的大學和今後的人生道路找準方向？這是本書涉及的主要的十個方面的內容。

　　本書在寫作上，一方面，考慮到知識本身的邏輯結構，儘量做到邏輯性與完整性；另一方面，考慮到社區教師的教學所需，儘量做到方便性與操作性；同時，還考慮到社區家長的素質與訴求等，儘量做到適用性與針對性。在整個寫作風格上，全書力求做到邏輯性、操作性、實用性、趣味性等，力爭成為廣受歡迎的社區科普圖書。

　　本書由心理學教授胡朝兵博士、心理學碩士、心理諮詢師張興瑜老師為主編，李昌林、胡道文、李奕奕、李章紅為副主編的寫作隊伍共同完成。

　　參編人員包括：

胡朝兵、張興瑜

李昌林

胡道文

李奕奕

李章紅

李永強

曾蓮子

張文墨

毛興永

張津寧

　　在此對支持本書出版的羅仕偉、蔣崇玲老師及與本書出版有關的所有老師、朋友們表達深深的謝意！

編者

緒論 家庭水族館中的祕密

在對兒童的教育心理諮詢中，當父母帶著孩子去諮詢室，諮詢師需要向父母詢問有關孩子的一些情況，也可能會請孩子對一些問題做出回答。往往出現的情況是父母總是在描述孩子身上的問題，並在孩子身上找原因，很少去思考造成孩子這些問題的環境，特別是家庭教育環境是不是出現了問題。

有人打了一個很誇張的比喻：父母是原件，家庭是影印機，孩子是影本。可以這樣講，一個孩子出現某種問題可能是孩子生活的家庭系統出了問題，或者與他學習所在的班級系統、學校系統，甚至社會系統有關係。

著名心理學家華生說：「給我一打健全的嬰兒和一個我可以任意支配的世界，我可以把這些孩子培養成你所需要的任何人，包括醫生、律師、商人、乞丐或竊賊……」這也就是「孟母三遷」和「易子而教」的道理，也是「近朱者赤，近墨者黑」的印證，可見環境和教育對一個孩子成長的重要性。

一、家庭水族館的原理與操作技術

1. 家庭水族館技術的原理

即心理學中的投射技術。就是透過孩子用海裡面的動物來代表他的家庭成員（只標明稱呼），用各種顏色的筆在一張 A4 白紙上繪畫，畫出他在家庭生活中印象最深刻或者家裡經常發生的場景，來分析他所處的家庭教育狀況及其心理狀況的心理學技術。

在諮詢師與家長進行溝通時，我們可能得到一些有關孩子及其家庭的訊息，但只是從家長的角度得到的，難免可能出現一些偏頗。如果這時讓孩子來回答問題，也不一定能得到非常真實的訊息，因為：

(1) 有家長在場，孩子這時候真的敢於說真話嗎？

(2) 諮詢師對於孩子來說是陌生人，孩子願意跟陌生人說真話嗎？

(3) 諮詢師作為成年人，在孩子眼中也許成年人都是「一夥」的，他們都幫大人講話，他們真的可信嗎？

(4) 孩子即使想說真話，難道就一定能很好地表達嗎？

基於此考慮，使用家庭水族館這個心理投射的輔助技術，可以從某個側面輔助瞭解到孩子心中隱藏的「祕密」，當然這要取決於孩子的繪畫表達技術、意願和諮詢師的溝通分析技術水平，然後與孩子交流並綜合多方面訊息，才能對孩子的問題有更全面的理解。

2. 家庭水族館技術的適用性

(1) 適用於能簡單地用繪畫來表達思想的人，對繪畫技術水平沒有什麼特別要求，哪怕是畫得很不好，但只要繪畫者自己能夠解釋即可。

(2) 從年齡上來說也沒有特殊限制，不過需要注意的是，必須是繪畫者願意真實地表達其內心世界。因而對於小孩子來說，由諮詢師安排其繪畫，特別是由老師安排孩子以完成家庭作業的方式來處理，效果是比較真實的。

對於年齡較大的孩子或其他成年人，需要隱藏繪畫的目的，否則就可能出現逃避、偽裝、迎合、虛構之現象。比如父母直接叫孩子來畫這樣的畫，就很可能出現不真實的情況。

(3) 不要隨意用這樣的技術讓親朋好友的孩子進行繪畫，然後為其進行投射分析，小心他們因為對你的熟悉和權威性不夠而不接受你的反饋甚至產生反感情緒讓你「眾叛親離」。這也是諮詢師不給自己的親朋好友諮詢的原因之一，諮詢師還需遵循給那些有諮詢需求的人進行幫助和「來者不拒、去者不追」的原則，而不是成為一個拿著技術到處找人來成為你諮詢對象的人。

3. 家庭水族館的分析技術

(1) 分析感受。我們拿到孩子的圖畫一眼看去就會有一種感受，這種感受也許就是孩子在畫圖時所附帶的情緒的表達，需要諮詢師同感共情地與孩子探討，去理解和尊重孩子內心的表達。

(2) 分析這種感受具體是由圖畫的哪些部分造成的，也許是整體布局、顏色、代表性動物和事件等，需要具體去與孩子一起分析與探討。

(3) 從整體到局部的分析，如從布局到顏色，然後是什麼樣的動物來代表了家庭成員，這些動物的樣子、打扮、動作、與孩子的距離、互動等投射出孩子怎樣的內心情感，特別關注這些人與孩子的互動事件，孩子用什麼動物來表達自己，這些動物本身、大小、打扮、動作、事件、距離等能說明孩子怎樣的內心世界等，這是諮詢師要重點與孩子探討的。

(4) 總的來講，孩子表達了一種怎樣的訴求，諮詢師內心的那些假設是否得到印證，從父母那裡獲得的訊息是否在孩子這裡得到印證、推翻或者得到不同的解釋等。

(5) 諮詢師根據父母的訊息、孩子的訊息最後與父母進行探討，探討幫助措施和「家庭作業」，讓家長營造的家庭系統得到改變，進而幫助孩子正常適應環境。

二、家庭水族館技術的實施與分析

我們請某小學三年級的班導師給每位孩子發一張 A4 的白紙，並請他們記下作業的要求：用海裡面的動物來代表家庭成員（只標明稱呼），可以用各種顏色的筆在這張 A4 白紙上畫出在家庭生活中印象最深刻或家裡經常發生的場景，並在背面用鉛筆寫上名字。

使用這樣的方法可以避免孩子的迎合、逃避等心理，比較真實地反映出他們的內心世界。當我們拿到這些圖畫的時候就可以選擇其中比較典型的圖畫來進行分析，然後與孩子一起探討我們頭腦裡的那些假設，不斷提升我們的分析能力和水平，這樣也才能更好地幫助教師、學生及其家庭共同搞好對孩子的教育。

兒童心理發展與家庭教育智慧
緒論 家庭水族館中的祕密

（一）缺少互動的家庭

圖 1

當我們看到圖 1 的時候，我們可以做出如下分析：

(1) 首先是感受。也許每個人的感受不同，但至少有一種感受是相同的，即畫面給人一種不太舒服、零亂的感覺。

(2) 結構和布局比較散，顏色多而雜。

(3) 全家沒有互動，如孩子在沙發、茶几邊吃零食，外公要出門，外婆在廚房做飯（為什麼不是爺爺奶奶也值得分析探討），爸爸在主臥看電視，媽媽在浴缸裡洗澡。

(4) 從距離上看，外公最近，是用可愛的慢吞吞的烏龜代表的，能夠滿足孩子玩的需要，應該與孩子關係較好。外婆的距離也比較近，能夠滿足孩子吃的需要，應該與孩子的關係也較好。爸爸媽媽離孩子的距離最遠，他們能夠滿足的是家庭的各種開支，而不是孩子能直接感受到的溫暖與關懷。

二、家庭水族館技術的實施與分析

圖 2

圖 2 中，我們也同樣可以看到沒有互動的情景。爸爸拿著一張報紙把自己遮擋了，媽媽在做飯，小孩子就只能可憐巴巴地看著他們家的小電視。其實，他們家的電視並非一定如此小，只是投射出孩子需要關懷和溫暖的需求。

只要父母看到這張圖片，我相信他們都會為自己的行為進行反思，因為其實媽媽可以讓孩子幫自己一起做飯，爸爸可以與孩子一起看電視或者玩別的，或者全家人一起做飯菜。這種其樂融融的家庭氛圍最有利於孩子的健康成長，而不是對孩子沒有真正的陪伴。

關於互動理念：

(1) 感情是在積極正向的互動中建立起來的，我們最初應該滿足的是孩子對於吃和玩以及感情的需要，而不是只努力賺錢！

(2) 只要懂得積極互動能產生正能量與感情，有了互動的意識，互動就會無處不在，歡樂也無處不在，真情同樣無處不在，父子、母子、夫妻的感情都會提升。

（二）消極互動的家庭

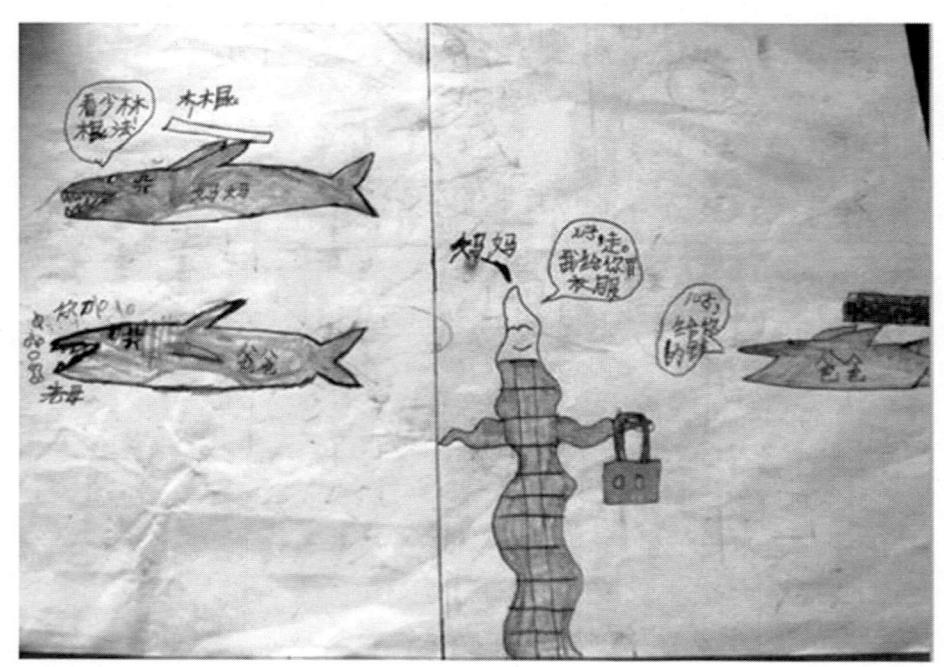

圖 3

當我們看到圖 3 的時候，湧入我們心底的可能有擔憂、焦慮、不安、恐懼、退縮、冷漠、可憐等情緒。孩子非常有意思地把父母生氣和高興的時候分成了兩半。生氣時，父母都是兇猛的有著鋒利牙齒的鯊魚，鯊魚媽媽拿著木棍在孩子身上練「少林棍法」，鯊魚爸爸嘴巴裡冒出一連串罵人的髒話。

高興時，爸爸是沒有牙齒的大魚，拿著錢包跟孩子說「兒子，給你的錢」；媽媽是身穿綠色長裙、手拿提包、打扮得很妖嬈去逛街的鱷魚，說的是「兒子，走。我給你買衣服」。這是一種典型的「簡單粗暴」的家庭教養方式，生氣時棒打與謾罵，高興時給錢與購物，這對孩子的負面影響是可想而知的。

二、家庭水族館技術的實施與分析

圖 4

　　接下來，當我們看到圖 4 的時候，我們又會從心底裡產生一種怎樣的情緒呢？是可憐，是憤怒，抑或絕望？也許都有，因為我們看到的是孩子的可憐與無助、父親的粗暴與憤怒、母親的絕望與無奈。

　　看看那只火冒三丈、蠻橫無理、橫行霸道、專橫跋扈的螃蟹，就因為小魚考試得了 83 分，就拉著他打，連鯨媽媽都直叫「可憐」而忘了放炒菜的鹽、油、蔥，而他弟弟卻在歡快地過著自己的生日，朋友還送來賀卡，對於這個孩子來說，那一天真是一次難得的記憶啊！我們要問這位父親，他到底「要什麼」，可是他又在「做什麼」，最後他到底能「得到什麼」。

17

兒童心理發展與家庭教育智慧
緒論 家庭水族館中的祕密

圖 5

　　圖 5 也許很簡單，但我們依然可以清楚地看到一個可憐兮兮的、沒有自我的、隨時可能被父親有著鋒利牙齒的大嘴吞沒的直發抖的小魚孩子，他的媽媽是典型的「夫唱婦隨」式的溫柔女性，對可憐的孩子並不能給予安全與溫暖，而只有慈祥的烏龜外公能夠給孩子帶去一絲安慰。一旦外公去世，這個孩子就失去了溫暖的支撐，孩子可能人格萎縮、膽小怕事、內向自卑，甚至發生更嚴重的心理問題。

　　關於親子互動：

　　(1) 所謂簡單粗暴的家庭教養方式，即生氣時暴打與謾罵，高興時給錢與購物。使用粗暴的教育方式，那是因為我們的無能。

　　(2) 強勢的爸爸不一定強大，溫順的媽媽不一定溫暖，而只有像外公一樣慈祥的人才會讓孩子感受到人世間的樂趣、溫暖與愛。

　　(3) 我要什麼？我做了什麼？我得到了什麼？要解決問題，先解決情緒與關係。每個人都有選擇自己情緒表現的權利，但不要用別人的錯誤來懲罰自己。

（三）婚姻互動模式的影響

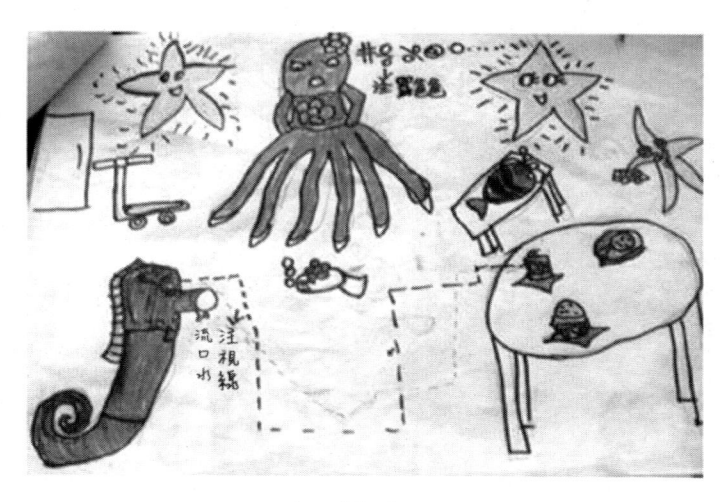

圖 6

　　在看到這張夫妻互動模式的圖6時，你又有何感想呢？在一個孩子心中，這就是他印象深刻或家裡經常發生的一幕的記憶，這種記憶能給孩子的成長帶來怎樣的影響呢？媽媽是一隻打扮得非常妖艷的章魚，兩手叉腰從嘴裡冒出一串罵爸爸的髒話，而溫順的海馬爸爸眼睛卻看著桌子上可口的菜，嘴裡流出口水。

　　這樣的場景在孩子心中留下了極為深刻的印象，而父母的行為是孩子模仿的對象，無論是男孩或者女孩在這個家庭中成長，他們今後對待自己另一半的方式，一定會從這裡找到原因。孩子對於男人是什麼？女人是什麼？婚姻是什麼？都可能在這一刻做出一個決定，從而在潛意識裡影響他今後的人生。

兒童心理發展與家庭教育智慧
緒論 家庭水族館中的祕密

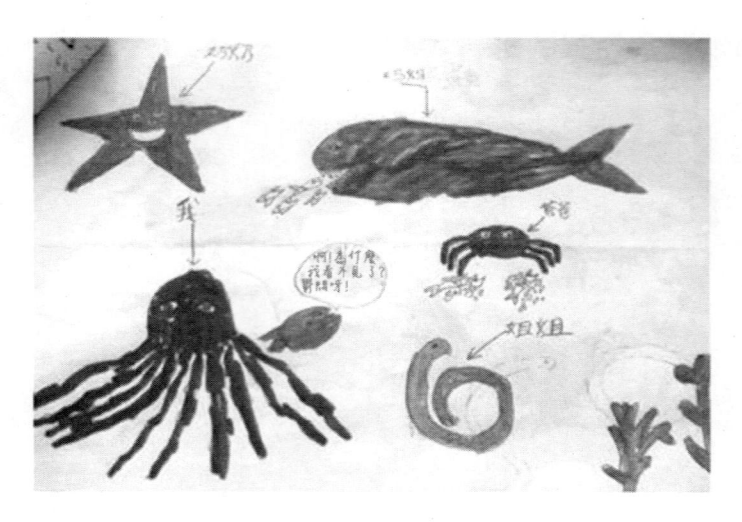

圖 7

在圖 7 裡，我們看到了一隻龐大的鯊魚媽媽正張開長著鋒利牙齒的大嘴吞食小魚，一隻體型瘦小且沒有了雙螯的螃蟹趴在鯊魚下面，孩子作為章魚在搞惡作劇讓小魚眼睛看不見。母親是這一家之主，比較強勢，那隻沒了螯的螃蟹喻示著這是一個被「閹割」了的爸爸。如果是一個女孩在這個家庭裡長大，有一種可能性是以後會強勢地對待丈夫；如果是一個男孩在這個家庭裡長大，有一種可能性就是不會成長為一個真正的男子漢。

關於夫妻互動：

(1) 我們對婚姻的態度與在婚姻中扮演的角色會影響孩子的一生，包括他們的學習與婚姻家庭互動模式。

(2) 婚姻應該是平等的，強與弱、強與強、弱與弱的婚姻模式，都不太可能給孩子未來的婚姻帶去幸福。

（四）和諧家庭的互動模式

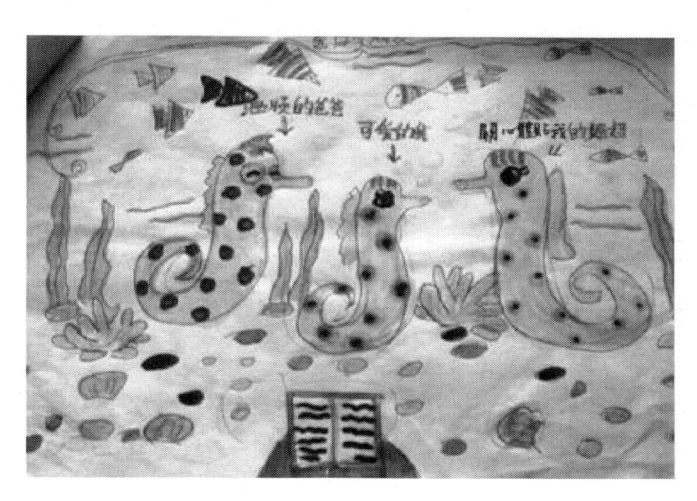

圖 8

相信看到圖 8 的家長都會有一種突然鬆了一口氣的感覺，眼前一亮。首先是顏色鮮艷明亮、布局合理、整潔大方。中心人物是三隻溫順的海馬，「溫順的爸爸」和「關心體貼我的媽媽」都在看著「可愛的我」，那些游來游去的小魚是「我」的朋友，一幅多麼溫馨、生動、和諧、幸福的畫面，甚至會讓家長們有一種想找到這家人與他們交朋友的衝動，這是父母和孩子都希望的一種美好的家庭生活場景。

圖 9

　　圖9同樣給我們一種快樂和諧的感覺，全家人都在唱歌，他們是多麼的幸福呀！孩子和媽媽在一起，爸爸也在旁邊，外公外婆在後面緊跟著。其中有所不足的是外公外婆如果能夠手挽手地在一起，爸爸能夠離孩子和媽媽更近一些就更好了。

圖 10

二、家庭水族館技術的實施與分析

最後，圖 10 同樣可以給我們溫馨幸福的感覺，藍色的海水、綠色的海草在輕輕地蕩漾，冉冉升起的紅色太陽和飛翔的海鳥都給我們一種充滿活力和生機勃勃的感覺。一家三口都是海裡的魚，孩子和媽媽是一類的魚，爸爸是另一個種類的魚，都很漂亮，尤其是媽媽身上還有一朵花。這是孩子認為她媽媽很漂亮，所以這樣畫的。三隻魚挨得很近，嘴邊冒起一串水泡，孩子解釋說是一家人在散步，一邊走一邊在講話玩遊戲。這是多麼幸福的一家人啊！

關於家庭互動：

(1) 我幸福、我陽光、我可愛、我合群，是因為我有一個溫和的爸爸和一個關心體貼我的媽媽，是因為我有一個溫暖的家。

(2) 我們可不是音樂世家，只是因為我們都很快樂！幸福的家庭是爺爺奶奶、爸爸媽媽和我共同營造的！

(3) 我媽媽挺漂亮，我爸爸也瀟灑，他們陪著我長大，我有一個溫暖的家！我愛我的爸爸媽媽！

總之，我們可以透過對家庭水族館的分析，與孩子一起探討孩子的內心世界和家庭教育的狀況，結合家長的陳述對孩子進行心理健康教育與諮詢的同時，對家長進行正確的教育引導，在創造良好親子關係的前提下開展家庭教育。

兒童心理發展與家庭教育智慧
第一講 兒童心理與親子教育

第一講 兒童心理與親子教育

　　本章我們將嬰兒期（0～3歲）和幼兒期（3～7歲）的心理特點與親子教育一起進行介紹。嬰兒期是兒童生理發育和心理發展最迅速的時期，許多兒童教育專家把1～3歲看作早期兒童智力開發的「關鍵年齡」。社會上也有「三歲之貌，百歲之才」「三歲定八十，七歲看終生」的說法。

　　所以，父母瞭解這一時期孩子的心理特點，並掌握這些教育孩子的知識，對孩子進行科學的教育就顯得尤為重要。幼兒期是兒童進入幼稚園的時期。又因為這是兒童正式進入學校進行正規學習以前的時期，所以又稱學前期、學齡前期。這一時期，幼兒心理是在前一時期發展的基礎上，在新的生活條件和教育條件的影響下發展起來的，為正規的學校教育打好基礎，是家長特別值得學習的。

一、嬰兒期心理特點與親子教育

（一）嬰兒心理發展特點總述

　　瞭解嬰兒心理發展的特點，家長可以根據孩子的特點進行撫養教育，否則違背孩子的天性，將不利於孩子心理的健康發展與良好親子關係的建立。

　　1. 活潑好動

　　小孩子生來就是好動的。除了睡覺，他的眼睛、鼻子、嘴巴、耳朵、手腳都在活動，兩三個月大的嬰兒就能在床上不停地揮手踢腳，到五六個月大時，看見東西就要抓，抓了就放進嘴裡，再大一點他就要推推這裡、拉拉那裡，會走以後，他的動作就更複雜了，一次玩一兩個小時也不覺得累。

　　2. 喜歡模仿

　　模仿是嬰兒學習的主要途徑。嬰兒出生不久，就能模仿大人伸舌頭、張嘴巴。半歲以後就能模仿簡單的聲音和動作，揮手學再見、把手指放在嘴裡模仿大人刷牙。到2歲左右的時候，能模仿更複雜的動作，家長洗衣服，他

也要給娃娃洗；家長做麵，他也要拿擀麵杖擀來擀去。3歲以後他的模仿能力更強了。

3. 熱衷遊戲

兒童天生喜好遊戲，遊戲是兒童的生命。兒童從遊戲中放鬆身心，獲得快樂。三四個月大的嬰兒會樂此不疲地躺在床上做視物遠近的遊戲；1歲左右的孩子能連續十幾次把球拋出去做練習遊戲；2歲多的孩子會高興地玩組積木、扮家家酒遊戲，也喜歡與爸爸媽媽一起玩扮演遊戲。

4. 特別好奇

出生兩三個月的孩子眼睛就不停地轉，對周圍的事物非常感興趣，五六個月大的孩子一聽到聲音就要轉頭去找，一看到東西就要伸手去拿；七八個月至1歲左右的孩子，拿什麼東西都往嘴裡塞，心理學家稱這個時期是「口腔期」；1～3歲的孩子喜歡做推、拉、扔、摳、壓等動作，一個2歲左右的孩子連續開門關門25次，他對「咯吱咯吱」開門的過程很感興趣，連續按壓吹風機開關21次，這都是他們好奇的表現。

5. 交往合群

孩子出生的頭3年主要與父母交往，但事實上也開始了最初的人際交往。1歲多的孩子就喜歡摸一摸、拉一拉同伴，或者拿玩具給同伴；2～3歲之間，就能在一起玩平行遊戲，雖然是各玩各的，但已經有了合作的先兆。有的孩子因為不太與同伴接觸（成人的原因），可能表現得膽怯、不合群。

6. 喜歡戶外

大多數小孩子都喜歡戶外生活，到門外去就高興，整天待在家裡就不高興，有的孩子在外面玩，渴了、餓了都不肯回家。有的家長過分地限制孩子外出，原因是怕不安全、怕著涼感冒、怕弄髒衣服，孩子像籠中的小鳥，整天被關在家裡。有的老師也不願多事，怕帶小班孩子到戶外玩。這樣長大的兒童，往往身體孱弱、知識缺乏。

7. 樂被稱讚

八九個月大的孩子就能「聽懂」大人的好壞話，你表揚他，他就高興地看著你；你若批評他，他就嚇得瞪著眼睛、表情呆滯。兩三歲的孩子最喜歡「聽好話」，喜歡別人的稱讚，誇他聰明又漂亮、誇他的新衣服、誇他畫的圖畫，他都很高興。我們做父母的應當把誇獎孩子放在口頭上，當孩子做得好的時候就誇獎他，但也不要過於濫用。

正確認識嬰兒期孩子的特點，才能正確理解孩子的行為，並根據孩子的需求與心理特點實施相應的高質量的陪伴與教育引導。

（二）家長在嬰兒期親子教育中常見的幾種語言傷害

1. 否定孩子人格發展的語言傷害

(1)「煩！」

家長正在做家務或手上有活的時候，寶寶還是纏著不放，家長會不耐煩地說：「煩死了，自己去玩。」家長可能沒在意自己的情緒與處理方式，寶寶卻「哇」的一聲哭出來了。

(2)「笨！」

「你怎麼這麼笨，連這也不會？」家長往往以大孩子的標準來衡量寶寶，自己覺得很簡單的東西寶寶應該也要會，否則就「笨」。

(3)「沒用！」

家長帶著寶寶到親戚或鄰居家玩，寶寶不願叫「阿姨」，就會責怪說：「你這孩子怎麼這麼沒用？叫一聲阿姨都不會。」也有的家長會笑著對別人說：「你看，我的孩子真是沒用，不會叫人。」雖然是對別人說的，可是寶寶都聽在心裡，是對孩子的一種負面強化。

如果寶寶有能力而沒有做好，家長也需耐心指導，而不是責罵，那種在別人面前的謙虛其實是對孩子的打擊和否定，包括對不良行為的強化。

2. 影響孩子對家長信賴的語言傷害

(1)「我才不要你！」

兒童心理發展與家庭教育智慧
第一講 兒童心理與親子教育

有時家長故意要寶寶手上的東西，可寶寶不願意給，過一會兒寶寶要家長抱，家長就會故作生氣地說：「我才不要你呢！」如果經常這樣，寶寶會很傷心。

(2)「把你送給別人！」

「再不好好吃飯，我們就不要你了，把你送給別人。」這類話會讓寶寶懷疑家長為什麼不愛他。

(3)「不用再回來了！」

寶寶被家長罵了幾句，一氣之下跑出家門，家長追到家門口，生氣地對著寶寶喊：「你給我回來！不回來是吧，那以後就不要回來了。」這類話聽多了，寶寶會產生心理陰影，以後可能真的要離家出走，或者對這種話聽而不聞，不會造成任何有益作用。

寶寶有時候是需要小小的懲罰以糾正不良習慣或錯誤，但家長的懲罰不能讓寶寶對家長是否愛自己產生懷疑，只要讓寶寶知道他的行為是不對的就可以了，跟愛不愛沒有關係，懲罰也要讓孩子知道那是一種愛。

3. 導致孩子不安的嚇唬式語言傷害

(1)「叫醫生來打針！」

「你再不聽話就叫醫生來打針。」「快躲到媽媽這裡來，醫生打針來了。」無論是責怪寶寶還是和寶寶玩，家長讓寶寶聽話的厲害辦法就是醫生打針，因為所有的寶寶都怕打針時的疼痛。家長經常用這種方法教育寶寶，必然使他見到穿白袍的人就害怕。

(2)「告訴老師！」

寶寶對老師很敬重，更不敢像對家長一樣對老師撒嬌。家長喜歡利用寶寶這一害怕心理對寶寶施壓，出口就是：「不好好讀書，明天告訴你的老師，看他到時候怎樣懲罰你。」

(3)「叫警察叔叔把你帶走！」

警察叔叔抓壞人，這是家長從小教給寶寶的概念。寶寶怕被警察叔叔帶走也就是怕自己是個壞孩子。孩子一做錯事，家長就說「叫警察叔叔把你帶走」，孩子會懷疑自己是個壞孩子，在別人面前不敢抬頭。

寶寶做錯事情，家長應及時幫助他糾正，並對糾錯行為表示讚賞，而非用嚇唬式的語言對孩子造成傷害。

4. 不顧小孩能力而過分要求導致的語言傷害

(1)「快一點！」

「動作快一點，我們還要上班呢。」其實寶寶動作慢不是他的錯，他不知道為什麼要快，也不知道怎樣快，最關鍵的是平時家長的教導和訓練他的動作技能，讓寶寶有一個時間觀念和技能掌握。

(2)「再做好一點！」

在寶寶眼裡，他的作品可能是做得最完美的，可是在家長眼裡，還是沒有達到要求，所以寶寶做什麼事情家長都希望他再做好一點，而沒有顧及寶寶的心情。

(3)「連這個也不會！」

寶寶不是天才，不是一生下來什麼都會，成人會的東西寶寶不一定要會。家長覺得很簡單的事情，見寶寶不會就說：「這麼大了，連這個都不會。」這樣的話說多了，很多事情寶寶都不敢嘗試做了。

家長要用時間去瞭解寶寶的能力，在讓寶寶做之前，要把事情與寶寶的能力進行對照，如果寶寶能做而不做，家長應進行勸導；如果超出寶寶能力，就要量力而行，千萬不要勉強，小心適得其反。

5. 不顧寶寶需求下命令而導致的語言傷害

(1)「不准！」

「不准吃飯時說話。」「不准抱著玩具睡覺。」……太多的「不准」容易限制寶寶個性的發展。也許同樣的問題換個溫和的方式解決，可以達到更好的效果。

(2)「馬上停止！」

「哭，還哭，馬上給我停止！」「叫你不要玩電腦，還要玩，馬上停止，睡覺去！」家長煩了，就希望寶寶能夠立即達到自己的意願，這時往往出言比較凶，有的家長甚至拚命用手拉開寶寶的手，導致寶寶認為家長野蠻並被孩子以後模仿。

家長須控制自己的情緒，要知道自己的情緒會給自己和孩子帶來不良影響。也許事情本身很重要，但處理問題時的情緒、語氣、行為更重要。用良好的心態對待寶寶，轉移寶寶的視線或愛好，給寶寶一個調整時間。

6. 與同齡朋友進行比較導致的語言傷害

「××都會，你怎麼就不會？」寶寶是家長的希望，也是家長的榮耀。家長總希望自己的寶寶比別人的孩子強，所以遇到寶寶比別人差時，經常對寶寶生氣：「你和別人一樣大，別人都會，你怎麼就不會？好好跟別人學學，不要老想著玩。」

家長應掌握孩子的個性與能力特點，並非別人會的東西，寶寶就一定要會。如果老是把我們自己與優秀的人比，我們也會受到打擊。每個孩子都是花朵，開花有早晚，我們要靜待花開，而非揠苗助長。

（三）嬰兒期的親子教育

親子教育活動不同於幼稚園教育活動，它直接面對的是廣大家長，整個活動環節也都是在家長面前完成的，家長不但要讓孩子們充分地活動起來，得到科學的指導，還要建立正確的親子關係和新的教育觀念及態度，切身體會現代父母的職責和角色，真正地成為孩子們的玩伴、師長與榜樣！

1. 父母和孩子應形成良性的親子互動行為

(1) 注重自身提高

很多的研究表明，父母文化水準會影響親子關係，巴斯卡指出：身為知識分子的父母，他們傾向於用心理的方式去對待子女，而非生理的方式。父母文化程度明顯影響家庭關係，父母文化程度越高，家庭關係相對越好，因此父母應加強自身的文化修養，特別是內在涵養的提升。

(2) 注意態度改變

不良的親子關係往往是由於父母對子女的錯誤認識造成的，錯誤的認識導致父母對子女的異常態度，對形成良好的親子關係有很大障礙。主要的異常態度包括：孩子是我自己的，我可以用自己喜歡的任何方式對待孩子；孩子的發展必須順其自然，父母的教育作用不大；父母和子女的交往是沒有任何作用的，沒有必要在這方面浪費時間；等等。

(3) 正確的親子溝通

第一，定時溝通。每週確定固定的親子溝通時間，讓父母與孩子在一起進行情感交流，這是和諧親子關係的重要舉措。溝通的內容可以事先設計，也可以是隨機的。溝通時要注意讓子女充分表達自己的思想和情感，鼓勵子女毫無顧慮地表達，即使是很小的嬰幼兒同樣有這種溝通的需求，父母更應關注他們的一舉一動，這樣才能夠達到充分溝通的目的，和諧的親子關係也就形成了。

第二，情感發洩。親子問題出現的原因之一是由於父母的獨斷給孩子帶來的壓抑情緒。為了產生良好的親子關係，讓子女在適當的時間、空間，採取適當的形式進行情緒的釋放是很重要的。

2. 親子教育應有科學合理的教育內容、途徑和方法

(1) 親子教育的內容要反映現實生活

對於家長來說，選取生活中他們所熟悉的內容進行親子教育，做起來會更得心應手。同時，來自日常生活的事物，也能隨時用於生活中，能提高孩子的認知水平。

如：1～2歲孩子語言能力的發展，完全取決於成人給他們創設的語言環境，如帶孩子上街來到十字路口，父母可以讓孩子在觀察的同時發出「小轎車」「公共汽車」「大卡車」等詞彙音，讓孩子區分出各種車型，瞭解各種不同的車型，在生活中利用一切的機會讓孩子多聽和多說，促進孩子的語言發展和認知發展。

(2) 遊戲是親子教育的主要途徑

家庭是教育的第一課堂，家長順應孩子愛遊戲的天性，在有限的親子時間和空間裡，就地取材，開展各種親子遊戲。

比如，1～3歲嬰兒撕紙遊戲——家長在紙上畫出若干條直線，指導孩子沿直線將紙撕成麵條狀，可以鍛鍊孩子手部小肌肉的靈活性以及左右手的協調能力；

1～2歲嬰兒猜一猜遊戲——讓孩子大聲說出家中某一種物品的名稱，並指導孩子給它貼上文字標籤，能鍛鍊孩子的語言能力並培養孩子對文字的興趣；

1～3歲嬰兒聽音樂跳舞——播放兒歌錄音帶，家長教孩子隨著音樂跳舞，並且鍛鍊孩子全身肌肉的協調能力，培養孩子對音樂的感知能力；

2～3歲嬰兒玩彩色黏土遊戲——讓孩子扮演小雕塑家，家長與孩子一起透過揉、團、搓、捏等動作，將彩色黏土雕塑成各種形狀，此遊戲鍛鍊孩子對色彩和形狀的認知能力以及想像力、創造力等。

親子遊戲的最好教具是父母利用廢舊物品自製的玩具，沒必要非得買高檔玩具。例如，對2～3歲嬰兒可用兩個塑膠瓶灌上水，再用繩子將兩個瓶子分別繫在一根棍子的兩頭，做成扁擔。家長可以引導孩子將扁擔挑在肩上走，也可以和孩子一起抬著扁擔走。這不僅可以鍛鍊孩子的平衡能力，而且發展了全身協調能力。

另外，生活中的一些廢舊用品，都能變成有趣的遊戲材料。如：布球、橡膠球、塑膠罐、雪碧瓶等，在裡面放上可以發出聲音的物品，把這些可以

滾動的東西散放在地毯上，家長和孩子一起用手去讓這些物品滾動或者用腳去踢。

1～1歲半的孩子會意識到自己腿的功用，會很高興地到處抬抬腿，不停地用腳去踩這些物品，專注地聽發出的各種奇奇怪怪的聲音，像一些沙沙作響的紙、塑膠袋、積木、麻繩等，孩子站在這些物品中會很高興地隨著音樂搖晃身體、擺弄物品、感受節奏等。

(3) 父母要有科學的理念和正確的行為方式

有的年輕父母非常重視孩子的親子教育，和孩子共同參加一些正規的親子活動，然而家長在活動中行為的適宜度往往會很大地影響孩子的身心成長以及個性的形成。

例如，在一次親子活動中，有這樣兩位家長不同的行為影響著孩子：在參加「送積木寶寶回家」的活動時，因為明明貪多，兩隻不大的小手竟拿了3塊大積木，前方的路被嚴嚴實實地擋住了，正蹲在地上撿積木的果果被撞倒了，這樣一來明明連同積木都壓在了果果的身上，受驚的果果立刻大哭不止！

這時果果的家長並沒有及時來安慰自己的寶寶，反而向明明大呼大叫起來：「你這孩子怎麼這麼討厭！眼睛長哪兒去了，媽媽是白教你的呀？真沒教養！」當即所有在場的家長和老師都特別驚訝，一個受過大學教育的成年人竟會對一個不滿3歲的孩子如此訓斥！

相反，明明的家長牽著兒子的手忙給果果揉揉被踩的小屁股，還不時地安慰道：「好果果，不哭了，明明是不小心的，他是想讓小積木快點回家才拿那麼多的，以後明明一定注意交通安全，再也不超載撞人了，好嗎？」隨後老師和其他的家長也都連聲安慰起哭聲已停的果果來，誇獎他是個勇敢的孩子。果果的家長卻在一旁尷尬地笑著……

家長是孩子的第一任老師，家長的一言一行直接影響著孩子的行為，孩子的寬容、謙讓和共享也正是受著大人們的影響而改變著。

二、幼兒期心理特點與親子教育

（一）幼兒期的一般心理特點

幼兒期是人一生中詞彙量增長最快的時期。幼兒喜歡在遊戲或解決問題時自言自語。說話時雖然常出現口齒不清、發音含糊或口吃現象，但多為暫時的，慢慢會自動消失。

在注意和記憶方面，幼兒仍以不隨意注意為主；注意穩定性差，易受無關因素干擾；注意的範圍也較小，不能同時注意2件及以上的活動；不善於注意轉移。幼兒中期開始出現有意記憶，以具體形象記憶為主。

記憶保持時間延長，4歲時能認識1年前的東西，六七歲時能再認3年前的事物。在思維和想像力方面，幼兒進入具體形象思維階段，即思維開始脫離動作的束縛，建立在具體的形象和表象之上。

由於幼兒思維具有直覺形象的特點，因此對事物的概括往往是具體的、表面的。雖然他們已具有了一定的推理能力，但經常以主觀願望代替客觀邏輯，具有自我中心的特點。幼兒已具備豐富的想像力，但常分不清想像和現實，家長不要把孩子的想像當成說謊。

在情緒發展方面，幼兒的情緒體驗進一步增多，對想像中的事物，如對鬼怪、動物的害怕加劇；對譏笑、批評等社會評價焦慮增加；已能按照成人的道德標準對照自己的行為，有了是非對錯的情緒體驗。在社會化方面，幼兒開始喜歡同伴遊戲，遊戲類型轉入聯合遊戲和合作遊戲。

對性別的認識日益穩定，遊戲中出現男女分化，即男孩喜歡玩男孩的遊戲，女孩喜歡玩女孩的遊戲。在個性發展方面，幼兒對自己已形成一定的看法，如聰明或愚笨、難看或漂亮等；個人的興趣和能力差異有所表現，已養成一套行為習慣，個性特徵初步形成。

（二）幼兒期親子教育中存在的迷思

1. 迷思一：重視智力開發，忽視非智力因素的發展

智力是指以思維為核心的感知、記憶、想像等方面的能力,而非智力因素是指以動機、情緒情感、意志以及自我意識為主的能力。目前,能力發展的不平衡在那些資優生中非常普遍,而這些聰明的資優生如果沒有發展出良好的生存與適應社會發展的情商,必定早晚會導致各種悲劇的產生。

典型案例

某幼稚園曾對大、中、小班的家長進行過一項問卷調查,結果表明:儘管兒童年齡還小,但家長對子女文化程度有明確指向的已達73%。在有明確指向的家長中,對子女文化程度的期望由高至低排列如下:

①出國留學 20%;

②大學 18%;

③博士後 12%;

④博士 12%;

⑤碩士 9%;

⑥高職 2%。

其中,期望大學及以上程度高學歷的高達98%。但是在對非智力因素培養中的性格因素、挫折教育、完成任務能力及規則意識的培養的比率加起來不到20%。

在一定意義上,非智力因素對於開發智力、優化品質、塑造良好道德行為起著決定性的作用。對非智力因素,越來越多的人正予以高度重視。但是,很多家長認為對孩子進行非智力因素方面的培養應該是學校的義務,而不是家庭教育的中心。

但他們忘記了,家庭也是「校外校」,而且在幼兒期更是進行好的動機、良好情感教育的重要時機,如果家庭能夠重視並進行教育,那麼和學校的銜接就會造成事半功倍的效果。

2. 迷思二:重技能的形成,輕行為習慣的養成

兒童心理發展與家庭教育智慧
第一講 兒童心理與親子教育

這裡所謂的技能其實主要是指家長們熱衷培養的孩子的興趣、愛好與特長，而輕視獨立生活能力與習慣、社會生活能力與良好行為習慣的養成。孩子因各種興趣班忙得暈頭轉向，卻不一定真的是他們的興趣，他們一方面不得不去應付，另一方面又因為沒有時間玩自己想玩的而煩惱。

典型案例

一個小學一年級的女孩兒，除了學習之外，還擅長彈琴、跳舞、畫畫，這幾項都不同程度地拿過獎項。每當孩子的媽媽對我津津樂道時，我就會為她的孩子感到莫名的擔憂，因為這樣一名優秀的孩子，社區裡卻沒人喜歡她。別人去她家，媽媽讓她叫「阿姨好」，她會白媽媽一眼，然後說「沒看見我在忙嗎？」。

如果客人和媽媽的交談過程中出現某些關於她或者她所知道的人的事情，她就會打斷大人的話並評價一番，而她的媽媽卻在一邊笑呵呵的，很驕傲。孩子從不幹任何的家務，包括自己的穿衣、鋪床折被、梳頭洗澡等都是媽媽親自給她做好。問媽媽為什麼這樣，她的回答是：「這些小的行為習慣孩子長大了自然就懂了，但是才藝可是等不來的，現在不學耽誤了，長大怎麼辦呢？」

某種才藝的確能為孩子將來的發展造成一定的作用，所以我們的家長寧可讓孩子們大部分業餘時間被各種各樣的才藝班所占去，也不願意花時間、精力、金錢對孩子進行一些基礎的生存和為人方面的行為習慣的教育，那是大錯特錯的。

他們自理能力差，不善於獨立解決生活中遇到的挫折和困難，不懂禮貌，不懂得和他人平等友好地交往。如果我們的家庭一味地將這點忽視下去，那麼縱使有滿身的才藝，卻不懂得在人的社會中生存，這豈不是得不償失？

3. 迷思三：重情感給予，輕情緒管理

有人曾對 5～6 歲的學齡前兒童做過抽樣調查，發現脾氣不好的近 16%，性格古怪的占 5%，有神經質傾向的占 28%，有情緒障礙的近 2%。和其他的心理問題相比，幼兒情緒方面的問題明顯占較大的比重。

如今在我們的家庭中，孩子最不缺乏的就是父母及親人的愛。哪怕是夫妻關係不好的家庭，在對孩子情感給予的問題上都是驚人的一致，為了保證對孩子情感上的給予和付出，他們寧可犧牲自己下半生的幸福去維持。這樣的父母之愛自然會讓我們感動。但是，在給予孩子過多的情感背後，暴露出的卻是孩子們日益嚴重的情緒管理問題。

有人會說，情緒管理大人都做不好，3～6歲的孩子怎麼可能去做？對，就是因為我們這一代人身上缺乏這份教育，對將來的一代我們更應該盡到責任，去教育訓練他們管理好自己的情緒。俗話說「三歲看大，七歲看老」，這句話不能單純理解為孩子的智力發展，更重要的是非智力的發展對人生的奠基作用。幼兒時期是孩子身心發展的重要時期，孩子的脾氣、性格等非智力品質雖屬雛形，但它對以後的心理發展卻具有深遠的影響。

（三）幼兒期的親子教育

1. 重視對孩子非智力因素的培養

(1) 為孩子營造民主、和諧、充滿愛的家庭環境

環境是孩子成長的搖籃，是孩子的樂園。環境對孩子來說更具有特殊的意義，著名教育家陳鶴琴先生曾說：「怎樣的環境就得到怎樣的刺激，得到怎樣的印象。」因此，家長應給孩子創設一個和諧的、民主的、安全的、積極的而又充滿情趣的家庭環境，以培養孩子的非智力品質，使其健康地成長。

如：小孩子摔倒擦破了一點皮，父母千萬不要有誇張的表現，而應沉著鎮靜地把孩子扶起來，並安慰孩子：「會有一點疼，不過擦破點皮沒多大關係，擦一點藥很快就會好起來的。」那麼孩子將會形成一種非常勇敢的性格。

父母對孩子要愛護而不嬌慣，不因孩子幼小而不尊重他的意見，遇事與他商量，這樣做往往會使孩子形成熱情、活潑、開朗的性格；如果夫妻感情不和、爭吵不息，把孩子當成玩物笑料或出氣筒，孩子就會壓抑、緊張、害怕和手足無措，易使孩子怕生、害羞，喪失自尊心、自信心，甚至對外界社會環境也產生敵視心理。

(2) 鼓勵孩子走出家門，參與社會實踐，多與同伴交往

現代幼兒的交往範圍是很窄的，他們成天面對的主要是家庭成員，容易失去與其他孩子交往的機會，不利於良好的非智力因素的形成。因此，家長應讓幼兒走向社會、走向大自然，豐富幼兒的生活經驗，使其體驗生活的樂趣，增強他們的自尊和自信。

如：在去商店買東西時，讓孩子自己去買；家裡來了客人要孩子熱情接待，並拿出好吃的東西來招待客人；當別的小朋友過生日時，讓孩子主動去祝賀；有小朋友生病時在家長的帶領下去慰問；空餘時間帶孩子去動物園或旅遊。這樣，孩子的主動性得到了發展，也增強了信心，不僅給他們帶來了溫馨、歡樂，也有利於團結友愛、關心別人等良好品質的形成，同時也進行了互助友愛的情感教育。

(3) 充分發揮遊戲的作用，主動參與並組織遊戲活動

遊戲是孩子產生學習興趣的動力，它能使孩子真正變「要我學」為「我要學」，在玩中激發學習興趣並學習各種生活技能，而不是掌握所謂的書本知識。例如開展「娃娃醫院」「兒童餐廳」等遊戲，先讓孩子準備遊戲用品，並在遊戲中透過各種角色（醫生與病人）的轉換，使孩子的觀察、組織、交流等方面的能力得到提高。此外，透過遊戲，可有意識地改善孩子的不良性格。

如對好動、穩定性差的孩子，可安排他們在遊戲中擔任安靜的角色（如保全、軍人、交警等），讓他們在執行任務的過程中克制自己，培養堅持性和較穩重的性格。對於比較內向的孩子，要讓他們和附近的孩子交朋友，並到其他孩子家中去做客，帶他們去「商店」當顧客，購買商品，鍛鍊口語表達能力，使他們變得積極、主動，進而提高交往能力。

2. 培養孩子良好的行為習慣

(1) 尊重孩子的獨立意識

孩子 3 歲左右時，由於知識、經驗的增加，獨立生活能力也逐漸增強，他們便想要獨立行動、獨立玩耍，表現為不聽話、執拗、愛頂撞，經常說：

「我自己來……」「我要……」「我不要……」「我偏要……」這一類的話。雖然他們能力有限，但獨立意識的萌芽使他們事事要自己來，時時想要反抗，不願處處受父母的限制，心理學家把孩子3歲左右的這一階段稱為「第一反抗期」。

此時父母要注意尊重孩子獨立行動的意願，不要怕孩子做不好而壓抑其獨立活動的要求，而要抓住這有利時機去培養孩子的獨立性。如孩子想獨自洗手，不想要父母幫自己洗，也不願父母在一旁看著自己洗，那麼，父母就該滿足孩子的要求，只需提醒孩子洗的方法，要求孩子把手洗乾淨就行了。

典型案例

有一位母親看到5歲的孩子對洗碗感興趣，就為孩子準備了一個小板凳，對孩子說：「我知道你特別愛幹活，想自己洗碗，可是水龍頭太高，你構不到，媽媽給你準備了小板凳……」孩子興奮地喊著：「謝謝媽媽！」馬上就蹬上小板凳高興地學著大人的樣子去洗碗了。

(2) 放手讓孩子做力所能及的事

父母應要求孩子自己吃飯，不要餵孩子吃（有的孩子5歲了，在家吃飯仍要父母餵）；讓孩子獨自睡，不要陪睡；讓孩子自己玩耍，父母也要適當地和孩子一起玩；讓孩子單獨到院子裡找夥伴玩，自己收拾玩具等。對於孩子獨立去做的事，只要他們付出了努力，無論結果怎樣都要給予認可和讚許，使孩子產生信心。

「我行」這種自我感覺很重要，它是孩子獨立性得以發展的動力。孩子自己做事常常做不好甚至失敗，在這種情況下，家長應鼓勵孩子再去做，絕不能動輒就說：「我說你不行吧，就會逞強。」更不要見孩子做不好就伸手代勞，父母應適時地訓練，讓孩子從不會到會。

(3) 不要為了省事而剝奪孩子自理的機會

因為孩子穿鞋、繫鞋帶這個過程特別慢，我們早上上班很著急，所以我們要給孩子穿鞋子、繫扣子……很多時候，孩子吃得慢，我們忍不住就去餵

兒童心理發展與家庭教育智慧
第一講 兒童心理與親子教育

他……孩子自己用勺吃飯，舀上舀不上他都要自己舀，結果弄得滿桌狼藉，但這個時候他在學習獨立，學習吃飯這個獨立的能力。

但是大多數父母在這個時候最喜歡做的是：餵！很簡單，餵了以後衣服和桌子上都不會弄髒，這個行為卻剝奪了孩子獨立的權利，也推遲了孩子獨立的時間，甚至造成孩子依賴的慣性而成為「啃老族」。

(4) 父母要為孩子樹立良好的「獨立自主」的榜樣

平時，父母能自己做的事，就自己去做，不要過於依賴對方，這樣，也能為孩子樹立一個良好的榜樣。如果母親／父親過於依賴對方，這對孩子獨立性的培養是不利的。家庭成員對某一成員過度依賴，不利於孩子獨立性的培養。

(5) 對孩子表現出的獨立性要及時表揚

從兩三歲開始，兒童的獨立意識開始萌芽，這時候孩子經常會說「我自己做」。比如，父母正在包餃子，孩子說「我也想包」，這時候家長可能就會認為孩子小，幹不好，於是嫌麻煩不讓孩子幹，這對孩子要求獨立的積極性是一種挫傷。小時候，孩子表現出獨立的意識和意願時，如果我們不及時給予肯定與鼓勵，那麼，到孩子稍大後我們只能感嘆：「你都長這麼大了，怎麼什麼也不會自己做？」

孩子獨立能力差是我們包攬和禁止太多的結果。在幼稚園有這樣的孩子，下樓梯時看都不看，直直往下走，這種孩子就是在父母或者老人的過分呵護中成長起來的，他們自己沒有辦法衡量自己的能力，沒有辦法對自己行為的危險性進行獨立判斷。

(6) 允許孩子犯錯誤

孩子能力有限，犯錯誤是難免的。如果一個孩子從未犯過錯誤，那麼，說明他的進步是非常有限的。對孩子的成長，父母要有足夠的耐心和寬容之心。犯錯誤是孩子成長所必需的，甚至是孩子成長的奠基石和孩子的權利，正確引導孩子面對錯誤，孩子才會正確面對挫折，才有利於孩子形成良好的性格。

3. 培養孩子的情緒管理能力

(1) 營造和諧的家庭氛圍，建立協調的親子關係

家庭中和諧的氣氛，家庭成員協調的關係，使孩子內心安寧、情緒穩定，感到安全。父母對孩子的理解和接納，使兒童感受到愉快和滿足。心境良好的兒童對各種變化、困難和挫折的耐受力高，能有效應付各種情況，保持平衡良好的情緒。

(2) 培養孩子表達情感的能力

在生活中積累的情緒如不能得到宣洩，其內心體驗會變得更加強烈。遊戲、運動是孩子疏洩情緒的良好方式。父母還應該培養孩子用語言來表達自己情感的能力，最簡單、有效的方法就是增加孩子的情感詞彙，父母自己就要學會表達自己的情感。

(3) 教會孩子控制情感

讓孩子明白，每個文明人都必須學會控制情感，誰也沒有權利任意發脾氣。讓孩子明白，每個人都能學會控制情感。日常生活中，父母對孩子的某些需要不要及時給予滿足，有時可以拒絕孩子的要求，讓孩子學會延遲需求，明白自身的侷限性。教會孩子控制情感，首先要教會孩子辨認自己的情緒變化在身體上的反應，瞭解自己陷入某種不良情感前的「前兆」症狀，以便及時加以控制。還可以讓孩子接受一些控制情感的訓練。

兒童心理發展與家庭教育智慧
第二講 兒童遊戲與心理發展

第二講 兒童遊戲與心理發展

美國著名心理學家埃里克森在其人格發展八階段理論中提出：幼兒期兒童的主要發展任務是獲得主動感和克服內疚感，體驗目的的實現，而該階段兒童的主導活動就是遊戲。埃里克森認為，遊戲執行著自我的功能，兒童在遊戲中主動地解決各種衝突、矛盾，都體現出自我治療和自我教育的作用。甚至個人在未來的工作中能否取得一定成就，都與兒童期是否充分遊戲、充分獲得主動感有重要聯繫。

一、兒童期的主要任務——遊戲

（一）兒童遊戲的本質是什麼

早期的觀點認為，兒童的遊戲是遠古時代人類祖先的生活特徵在兒童身上的重演，兒童透過遊戲來重新體驗祖先的本能特性。

19世紀著名的德國幼兒教育家、幼稚園運動創始人福祿貝爾提出，遊戲應該被正確認識和鼓勵，把兒童正在萌芽的隨意性生活與成人經歷的成熟生活整合起來，並且如此一代一代流傳下去。

義大利幼兒教育學家、蒙特梭利教育法的創始人蒙特梭利認為，遊戲是兒童在成人引導下的自創性活動。她特別強調在實際生活中學習的重要性，認為建設性遊戲材料能夠幫助兒童區分不同的感覺以及形成顏色、形狀的匹配。假想遊戲是原始的，是對現實生活的一種逃避。她鼓勵兒童從事實際的自我服務性活動，如打掃自己的房間等。

佛洛伊德的精神分析觀點認為，遊戲為兒童提供了一條實現願望和控制創傷性事件的途徑。遊戲是為了在冒最小風險或承擔最小不良後果的情況下宣洩焦慮和失望，從而獲得快樂。遊戲是補償現實生活中不能滿足的願望和克服創傷性事件的手段。遊戲為攻擊性和衝動性提供了安全的情境，而在現實生活中表現出來是危險的。遊戲表達了兒童的願望和焦慮，在遊戲中的宣洩和活動能夠克服焦慮。

兒童心理發展與家庭教育智慧
第二講 兒童遊戲與心理發展

心理學家皮亞杰從認知動力的角度認為，適應包括同化和順應，而遊戲則體現了同化超越順應的基本特徵。兒童在遊戲中將他們自己的行為或者基模表現出來，並不發展新的認知結構，而是努力使自己的經驗適合先前存在的結構，並使之適應現實。

皮亞杰認為，兒童認知發展的階段性決定了兒童在不同年齡段的遊戲方式。例如：在感知運動階段，兒童透過身體動作，擺弄、操作具體物體來進行遊戲，稱為練習性遊戲；而在前運算階段，兒童發展了象徵性功能就可以進行象徵性遊戲。在皮亞杰的理論中，遊戲有兩方面的作用：一方面，遊戲能夠鞏固已有的技能，透過已知基模的執行來實現；另一方面，遊戲為兒童提供了一種自我一致性，即自信和控制感。

兒童心理學家維果茨基認為，遊戲對個體的情緒和認知發展都具有重要作用。遊戲中隱藏著對非現實願望進行假想的、幻覺的實現的情感驅力，是促進兒童自信和控制感的驅力。遊戲是學前期兒童心理發展的重要源泉，假想遊戲將兒童從情境的直接束縛中解放出來，並達到一種理想境界。

美國心理學家桑代克從學習理論的角度認為，遊戲也是一種學習。因此，遊戲也遵循學習理論的效果律和練習律，同時受到社會文化和教育要求的影響。

不同的理論從不同角度闡釋了遊戲的實質，綜合以上教育學家、心理學家的觀點，我們可以對遊戲的本質有一個比較全面的瞭解。

首先，兒童遊戲具有自發性。兒童參加遊戲活動絕大部分時候是完全主動自願的，是由內在動機驅動的。荷蘭學者胡伊青加曾深刻地指出：「一切遊戲都是一種自願的活動，遵照命令的遊戲已不再是遊戲，它至多是遊戲的強制性模仿。」遊戲是一種內驅性的行為，它不為社會要求或行為本身以外的誘因所左右，是由兒童內部動機引起的主動的、自發的活動，是其自由選擇的、非強制性的，不受外部強加規則的制約。

其次，兒童遊戲具有自主性和規則性。兒童在遊戲中可以根據自己或群體的意願確定遊戲內容、選擇遊戲夥伴、制定遊戲規則等。兒童是遊戲的真

正主人，玩什麼、和誰玩、怎麼玩，都是由兒童自行決定的。但透過觀察可以發現，兒童在遊戲中並非毫無約束和限制，每個遊戲中都隱含著一種秩序性，每個個體都有一定的自我約束，也正是這種秩序的約束，把遊戲帶進了一種和諧、有序的狀態中。

例如，在「捉迷藏」遊戲中，按照遊戲規則，負責「捉人」的兒童在倒數時，是不能偷看其他兒童躲藏地點的。如果偷看了，就違反了規則，就會被其他兒童所排斥。而被「捉」到的兒童，也不能「供出」其他夥伴的藏身地點，否則也會被大家所排斥。因此，每個兒童都會有一定的自我約束，也正是這種秩序的約束，把遊戲帶進了一種和諧、有序的狀態中。

第三，兒童遊戲具有虛幻性和角色性。遊戲不是真實的，是充滿幻想的行為。兒童透過想像，將生活中的表象組合成新的表象運用到遊戲中。比如，在遊戲中我們經常會聽到兒童說「我是醫生，你是病人，你假裝生病了，我幫你打針」諸如此類的話。

兒童的遊戲脫離時空的限制，以其自己的內在邏輯與認知描繪世界。在他們的世界裡，一切皆有可能，一切都是允許的，如把一根木棍當作戰馬、寶劍等等。同時，參加遊戲的兒童也需要擔當一定的角色，且每種角色都具有相應的行為。例如扮演醫生就要去關心病人，扮演教師就應該表現出嚴厲的特點等。

第四，兒童遊戲具有體驗性和愉悅性。兒童在遊戲中產生的快樂體驗是遊戲不可或缺的心理成分。它是兒童對於遊戲活動本身的主觀感受或心理體驗，給予兒童滿足感，實現其在現實生活中無法滿足的需要。

在遊戲中，參與的兒童富有極強的興趣、自主性、自信與勇氣，當其在遊戲中產生成就感時，就獲得了高峰體驗。遊戲中常常會有許多不確定因素發生，這種不可預計的偶然性讓兒童體驗著意想不到的最大樂趣。

遊戲是為了擺脫束縛、追求自主和自由，獲得個體的愉悅和滿足，其目的與意義在於遊戲中產生的豐富的情感體驗與感悟，因而父母不要強加各種規則與限制，使兒童無法在遊戲中專注與充分發揮想像力。

（二）兒童遊戲的種類與發展

1. 機能遊戲

這是一種透過身體運動本身而產生快感的遊戲。該遊戲的產生被認為與兒童在家裡進行自由活動有關。例如從揮動手腳、伸舌頭之類的遊戲開始，到隨便上下樓梯、展翅、跳躍、跳舞或捉迷藏等兒童期玩的遊戲，都屬於機能遊戲。

2. 想像遊戲

也叫模擬遊戲，模仿各種各樣玩具的遊戲都屬於這一類。除精神機能外，利用玩具來模仿各種人和事物的遊戲也屬於這一類遊戲。這類遊戲一般從2歲左右開始出現，這可能與兒童豐富和無拘無束的想像力有關係。例如木偶遊戲、煮飯遊戲、開火車遊戲等等。

3. 美感遊戲

也稱為欣賞遊戲，主要是兒童站在被動的立場愉快地欣賞所見所聞的遊戲。隨著年齡的增長，兒童在理解內容的基礎上有了進一步欣賞的能力。看童書和畫冊、聽童話、聽音樂、看電視、參觀動物園等，都屬於這類遊戲。

4. 創造性遊戲

這類遊戲與欣賞性遊戲不同，兒童會主動地對事物進行創造並對創造的結果進行欣賞。例如繪畫、積木、黏土、手工、摺紙、沙盤等都屬於創造性遊戲。這種創造性遊戲可以從兒童期一直持續到青春期，甚至成年期。這種遊戲與兒童的創造能力、藝術思維的培養關係十分密切。

5. 教學遊戲

當兒童進入幼稚園後，老師結合一定的教育目的而編制的教學遊戲也是遊戲的一種。例如打電話、老鷹捉小雞等遊戲。利用這類遊戲，兒童可以對未來生活進行提前適應。

此外，不同的學者也對兒童遊戲的種類進行過劃分。美國心理學家帕滕按照兒童的社會性發展，把遊戲分為六種：無所用心的遊戲、旁觀者遊戲、單獨一人的遊戲、平行的遊戲、聯合的遊戲、合作的遊戲。

從兒童社會性發展來講，父母要留意孩子從單獨遊戲到平行遊戲、聯合遊戲與合作遊戲的發展，而不是停留在單獨與平行階段，否則對孩子的社會性發展不利，要早發現、早引導。

二、兒童遊戲如何促進心理發展

遊戲以一種濃縮的形式包含了所有的成長趨勢，兒童主要是通過遊戲活動而向前發展的。對遊戲與兒童心理發展之間關係的研究早在20世紀初就已開始，近年來人們又進行了更為深入的研究。大量的研究表明，遊戲在兒童認知、語言、情緒以及社會性發展方面都有重要的作用。

（一）遊戲與認知發展

1. 智力的發展

相關研究表明，智商分數與兩類遊戲存在正相關。一類是社會戲劇遊戲，特指兒童在活動中模仿成人的遊戲；另一類是建構遊戲，即透過雙手操作進行的遊戲。研究亦表明，透過遊戲訓練，尤其是社會戲劇遊戲訓練和主題式童話遊戲訓練，例如扮演熟悉的童話故事等，能明顯地增進兒童的智力測驗分數。

有研究者對兒童進行了此類訓練，結果表明，原來社會戲劇遊戲水平較低的兒童，透過訓練，遊戲水平提高了，同時智力測驗分數也顯著提高了。追蹤研究也表明，遊戲訓練對於智力的促進作用具有持久性。由此可見，兒童吸收外界新知識、新技巧，並在遊戲中不斷將之與自己已有的知識結構進行比較整合，進而理解和認同新知識，從而使其認知水平和智力水平得到相應的提高。

例如，將兒童熟悉的《三隻小豬》的童話故事進行表演。在表演中，兒童能夠透過自己對故事的理解將小豬和狼的角色表演出來。在表演過程中，

扮演狼的兒童會思考，狼是什麼樣子？狼有什麼特徵？它是怎麼叫的？它跟小豬說話應該用什麼語氣？而扮演小豬的兒童會思考，草房子、木頭房子、石頭房子是什麼樣子？為什麼前兩個會被吹倒，而石頭房子吹不倒？

角色扮演是一種很好的遊戲，可以植入很多的知識，也可以啟發與生成很多的智慧，是值得父母花時間進行這樣的高質量陪伴的。

2. 問題解決能力的發展

遊戲之所以會對兒童問題解決能力產生影響，是因為遊戲增加了兒童行為的可選擇性。在遊戲中兒童嘗試了各種各樣的操作行為，這些行為對之後的問題解決能力的培養具有積極作用。有這樣一個實驗，研究者設計了一個遊戲，要求兒童用夾鉗把兩根短棍連接成一根長棍，撥開門栓，觸及並獲取放在遠處的獎品。

隨後，研究者把兒童分為3組，分別為遊戲組、觀察組和控制組，每一組兒童都先觀看研究者示範將一個夾子緊緊夾在棍子的中間，接著，讓遊戲組的兒童自由地玩10分鐘棍子，讓觀察組的兒童觀看研究者示範將兩根棍子用夾子連接成長棍，讓控制組的兒童既不觀看示範也不玩。

隨後，3組兒童的問題解決作業結果表明，遊戲組和觀察組表現得都比控制組更好，同時遊戲組兒童在遊戲中的學習效果和成人直接示範的效果一樣，並且比其他兩組表現出了更多的目標導向行為，他們經得起挫折，不輕易放棄。

上述的實驗表明，兒童在問題解決上的提高有三個因素。

第一，解決問題的自發性，在實驗中只有遊戲組的行動是自發的；

第二，工具使用的連續性，兒童不斷運用對應、均等、分類、組合等順序推進一般的遊戲進程，而在實驗中只有遊戲組有機會探索不同的操作順序；

第三，活動結果的輕鬆性，在遊戲中壓力較小，從而減少失敗的挫折和恐懼，這也有助於遊戲者增加目標導向行為。

當然，遊戲與問題解決之間的關係也受到具體的遊戲性質以及問題解決性質的影響，一般的問題分為只有一個正確答案的聚合型問題以及有多種可能答案的發散型問題。研究發現，聚合型問題的遊戲經驗，如事先用製作迷宮的材料進行堆砌遊戲能增進兒童聚合型問題的解決能力。

不相關的發散型遊戲，例如把製作迷宮的積木給兒童，讓其自己設計一個迷宮，可能會干擾聚合型問題的解決。但最後的結果表明，發散型遊戲經驗有助於形成多種解決問題的策略，從而提高兒童發散型問題解決的能力。

讓孩子自由遊戲或者兒童之間合作遊戲以及與父母一起遊戲，是提升孩子問題解決能力和融洽親子關係的重要途徑。

3. 創造力的發展

遊戲與創造力都具有新奇性、想像性、象徵性的特點，遊戲能夠促進兒童創造力的發展。其中，社會戲劇遊戲對創造力的培養具有顯著作用，例如扮家家酒等遊戲。如果兒童在社會戲劇遊戲中的表演受現實角色和法則的限制，他們就會想像出他們可控制的假想夥伴。其中，能夠較好地掌握這些技巧的兒童，會在今後的學習生活中表現出更高的創造性和想像力。

另外，由於發散型遊戲經驗有助於形成多種解決問題的策略，從而提高兒童發散型問題解決的能力，發散思維正是創造力發展的重要能力。例如，兒童常常玩耍的黏土，就是一種典型的發散型遊戲。捏黏土是沒有一個標準答案的，在玩黏土時，兒童會根據現實中的事物作為模模，進而捏出千變萬化的動物、房屋、車子等等。有的甚至在現實世界中是不存在的，但透過兒童的想像，將它們創造出來。

（二）遊戲與語言發展

語言有三種主要模式：肢體動作、口頭語言、文字。透過遊戲，兒童語言的發展過程充滿了多元化和趣味性。比如，借助扮家家酒等戲劇遊戲，兒童可以透過扮演不同角色，來瞭解文字的含義。而透過對白，兒童可以練習口頭語言的表達。透過模仿角色的動作，兒童可以熟練地做出各種肢體動作。

約從 2 歲起，兒童就常常進行各種語言的遊戲，例如，聲音遊戲（將無意義的音節重複串聯在一起）、造句遊戲（將相同文法領域的字相互替換）、語意遊戲（以玩笑和相關語有意地扭曲語意）。這類語言遊戲不僅能讓兒童練習和精通語言，學會用組合的方式把語言作為思想和行為的工具，而且能增進兒童的內在語言知覺，從而認識和分析自己的語言形式和規則的能力。

語言是透過大量的實踐來掌握的。而遊戲則為兒童提供了語言表達的環境，兒童在遊戲中必須與同伴交流，練習表達與理解。在遊戲中兒童可以最為迅速地掌握自己的母語，而語言中最複雜的語法和實用形式都是首先在遊戲活動中出現的。假如家長一味地教兒童一些複雜的詞彙，兒童對於詞彙的掌握只能長期停留在符號階段。只有在遊戲情境中，語言才能從符號轉化為交流的工具。

研究發現，社會戲劇類遊戲能增進兒童在自由遊戲中的詞彙數量，最能夠增進兒童的語言能力，同時也能提高其口語表達測驗的分數。因而，家長利用社會戲劇類遊戲促進兒童語言發展是一條不錯的途徑。

（三）遊戲與情緒發展

兒童世界是一個透過自發遊戲來表達情緒的世界。有研究表明，甚至在出生前兒童就開始發展情緒情感了。而遊戲是由快樂原則支配的，所以遊戲常常給人快樂的情感體驗。在兒童看來，遊戲能帶來成功感、自信心和自尊心的增強。在掌握語言之前，兒童透過自由遊戲表達快樂、應對恐懼。在一個安全的環境裡，他們透過各種形式的遊戲表達自己的情緒。自由遊戲可以讓兒童毫無保留地表達情緒。

在戲劇性遊戲或虛構的裝扮遊戲中，兒童大多使用小道具來表現各種角色和經歷。在表演這些經歷及其各種感情中，他們控制著內容、角色和結果。透過扮演各種角色，兒童有機會打破現實中束縛他們的各種限制，體驗到更大的快樂感、控制感，並提高對情感的意識以及對他人和事物的敏感性。因此在遊戲中，兒童發展了其情感的強度和穩定性，對於兒童今後的自發性、幽默感以及自我發展具有積極影響。

（四）遊戲與社會性發展

　　社會認知是對於人類社會關係的瞭解，在兒童進行戲劇性遊戲或想像遊戲時，必須扮演各種不同的社會角色，並遵循其角色行為的社會規範。有研究發現，兒童的想像遊戲與視覺角色採擇能力的發展具有正相關，移情能力的發展與規則遊戲也呈正相關，但與功能遊戲呈負相關。也有研究發現，想像遊戲的次數或複雜度與學前兒童的角色採擇沒有顯著的關係。

　　因此，遊戲是兒童生活的重要內容，是兒童主要的社會生活方式，也是兒童心理發展過程中不可缺少的夥伴。遊戲作為一種獨特的形式，以其獨有的特點，深受兒童的喜愛。研究表明，遊戲對兒童心理發展非常重要，是發展兒童心理的寶貴資源。

三、兒童遊戲的現狀及展望

　　遊戲對兒童心理發展有莫大功益。然而，隨著社會的發展，兒童的興趣和愛好也日趨改變。目前由於電子遊戲盛行、家長的「揠苗助長」等原因，使遊戲在兒童生活中的比重嚴重下降，一些傳統遊戲甚至瀕臨失傳，這對兒童心理發展和健康成長極為不利。因此，科學、積極地開展遊戲活動，從而促進兒童健康發展，已變得刻不容緩。

（一）兒童遊戲的現狀分析

1. 科技進步對遊戲的衝擊

　　現代科技憑藉自身優勢賦予兒童更多新奇的電腦和網路遊戲。然而，高科技的現代遊戲已經遠遠超出了遊戲應有的功能，它使兒童追求視覺、聽覺的刺激，放棄觸覺、運動覺的感受。有關市場調查數據表明，網路遊戲用戶正在以超過108%的速度增長，網路遊戲市場規模的年增長率接近200%。

　　目前，在市場銷售的電子遊戲大約有95%是以色情、暴力和打鬥為主要內容的，且參與電子遊戲者呈現低齡化趨勢。每年有很多兒童因沉迷於網路

遊戲而不能自拔，導致越來越多的兒童出現了適應、交往等方面的困難，出現心理發展過程中的問題。

2. 家長的錯誤觀念

兒童遊戲時間的縮減，與家長的觀念有直接聯繫。隨著社會競爭的日益激烈和不斷深化，家長大多有「不能輸在起跑線上」的功利思想。在這種思想的引導下，家長會為兒童報各種才藝班，占據了他們大部分的業餘時間。而家長也希望兒童多玩一些能夠開發智力的遊戲，對於那些沒有「科技含量」的遊戲，例如扮家家酒等傳統遊戲持冷漠態度。同時，家長對遊戲中兒童的安全和衛生更是擔憂，常把兒童單獨反鎖在家。

這樣，兒童之間的交往無形地被家長製造的「隱形屏障」阻隔。這種交往的缺失，對兒童健全人格的形成極為不利。此外，由於一般遊戲具有較強的運動性，而現階段兒童多為獨生子女，家長的「過度保護」也為兒童開展遊戲活動帶來不利因素。最終，兒童喜歡的遊戲活動被剝奪，活潑好動的天性被扼殺，兒童間良好人際關係的建立被凍結了。

3. 社會發展帶來的一系列變革

社會的變遷引發了現代家庭結構的根本性變革。傳統的家庭都是多子女，甚至是四世同堂的大家庭，但如今家庭規模逐漸小型化，且居住條件發生了翻天覆地的變化。我們不難發現，在城市裡高樓聳立的社區，居住在一棟大樓的鄰里不來往的情況極為正常，這樣的交往方式對兒童們產生了非常不利的影響，他們經常被「封閉」在自家的狹小空間裡，幾個小孩子成群玩耍的情景已不常見。然而，傳統遊戲多為集體遊戲，它需要多個兒童的參與、合作。於是，在現代社會家庭結構的大背景下，傳統遊戲便失去了它生存的源泉。

（二）兒童遊戲的未來展望

時代的發展使兒童遊戲日趨多樣化，並在新的歷史背景下進行創造與發展。兒童的興趣需要成年人去引導，當我們提供的遊戲既健康又足以滿足他們的天性時，他們的興趣點就會發生良性轉移。

1. 更新觀念，做兒童的遊戲夥伴

發揮榜樣的示範作用，家長應該摒棄「玩物喪志」的錯誤思想。兒童在遊戲玩耍中的磕碰並不會影響其健康發展。相反，適當的遊戲，對兒童的健康成長是大有神益的。因此，家長應積極參與到兒童的遊戲當中，對其進行正面引導，發揮榜樣示範作用。心理學家班杜拉認為，榜樣具有替代性強化的作用。

兒童透過觀察他們生活中重要人物的行為而學得社會行為，這些觀察以心理表象或其他符號表徵的形式儲存在兒童的大腦中，來幫助他們模仿行為，這種模仿可能表現為參與性模仿、創造性模仿、延遲模仿三種形式。因此，作為家長，應該帶著兒童一起玩，兒童一旦掌握了玩的技能，並在玩的過程中獲得美好的體驗，他們就會自發地組織同齡人一起參與到遊戲當中。

2. 開發多種遊戲資源，為兒童搭建遊戲平台

社會應從實際情況出發，開發多種遊戲資源，為兒童遊戲提供可能性。以班杜拉為代表的社會學習理論者認為，電視對兒童的反社會行為有一定的影響，而網路遊戲對兒童的不良行為有更大的強化作用。因此，社會應採取積極有效的方式使兒童遠離低級趣味的網路遊戲，避免兒童受其毒害。

作為社區，要以兒童的年齡特徵為依據，率先開發兒童遊戲場所，實行社區負責制，讓兒童在放學後或節假日擁有充分的活動空間，有更多的機會與同伴交流、互動，促進兒童健全人格的發展。也可定期組織兒童進行遊戲競賽或表演活動，鼓勵家長積極參與，並將實施得好的社區向外界大力推廣，使得這種做法逐漸普及，共同促進兒童的健康發展。

3. 為兒童遊戲增加新元素

傳統的兒童遊戲對於兒童發展來說並不是十全十美的，它也存在一些問題。比如簡陋、不安全，像兒童經常用土塊和石塊來「打仗」、打彈弓等等。因此，作為教育者和引導者，需要在兒童遊戲中加入新的元素進行改良和創新，進而從安全的角度、發展的角度，更利於兒童的健康成長。例如，可以修改比賽規則，加入一些時尚元素。

在一些社區專門設立了「兒童運動會」，把一些遊戲作為兒童健身娛樂的運動項目，加以改進和推廣。這樣的做法，既繼承和推廣了兒童遊戲，又加入了創新元素，更符合當代兒童的興趣愛好，讓兒童在遊戲的同時，也更安全、更快樂。

第三講 學會獨立與克服依賴

教育家馬卡連柯說:「父母將一切都讓給孩子,為他犧牲一切,甚至犧牲自己的幸福,這是父母送給孩子的最可怕的禮物。」葉運生(2000)指出,在已開發國家的家庭裡,父母普遍都重視從小培養孩子的自理能力和自強精神。

美國的中學生有句口號:「要花錢自己賺!」日本人教育孩子有句名言:「除了陽光和空氣是大自然的賜予,其他的一切都要透過勞動獲得。」一位加拿大父親對女兒講:「對一個年輕人來說,最重要的是兩件事,一是要受教育,二是要有獨立性。這不僅指要培養獨立的生活能力,還包括要鍛鍊一種獨立的思維方式、堅強的意志個性,努力自強不息。」

一、樹立自己的事情自己做的觀念

(一) 父母要有培養孩子獨立能力的觀念與行動

父母首先要樹立起培養孩子獨立能力的觀念並付諸行動,因為孩子本身出於本能、好奇、快樂就有一種自己做事的慾望。每個小孩從小都喜歡做事情,只是後來受到太多管束和剝奪而不再具有這種好奇心和做事情的慾望。試想,如果孩子從小受到的不是大人的禁止而是指導和鼓勵,那麼孩子的做事能力會低嗎?

孩子做事情也許只是遊戲與好玩,但他們會在這個過程中發展自己。越會自己照顧自己的人,越有信心開創自己的事業。

(二) 家長不正確的觀念,阻礙了孩子能力的發展

很多家長認為孩子弄不好、有危險、會弄髒衣服、會打爛東西、會幫倒忙、長大了自然會等等,這些觀念不光阻礙了孩子能力的發展,而且使孩子的好奇心泯滅,使孩子不敢再做任何事。那麼孩子的獨立能力從何而來?孩子的自信心從何而來?孩子敢於展示的勇氣從何而來?

有的父母說：「我不是不讓孩子做事，也不是不讓孩子沒主見，只是怕他做得不好。」實際上，這種擔心是沒有道理的。不讓孩子有鍛鍊的機會，怎麼知道孩子做得不好？現在不給鍛鍊，難道以後就保證能做好、能有主見嗎？那種長大了自然會的想法是極其錯誤的。任何人都是從不會到會，摸索的過程就是學習的過程，就是不斷掌握技能建立自信的過程。

何況，孩子做得不好，並不是什麼大不了的事情，錯了可以改正。當他出錯時，只要加以引導：「試試這樣做行不行？」或者說：「要是這樣做，可能會更好。」這樣就可以激起孩子做好的慾望，在一次次摸索中走向成功，建立自信。因此，那種因噎廢食的觀念和做法是極其錯誤的。

還有那種害怕孩子弄髒衣服而不許孩子洗衣服、玩沙子的做法，那種認為孩子要打爛東西、幫倒忙而不許孩子做事的做法都是不對的。試想，這些東西跟孩子的快樂、健康的心理和孩子能力的發展相比，哪一樣更重要呢？只要一比，孰輕孰重，自然就見分曉，只是我們平常可能很難得這樣去比較一下。

典型案例

一個諾貝爾獎獲得者在接受記者採訪時，記者問道：「請問在你的成長道路上，你的家庭給了你怎樣的影響？」這位科學家不假思索地說：「當然呀，我的媽媽就是一位給了我無限智慧與勇氣的偉大的母親。」他說：「在我很小的時候，有一次我打開冰箱去拿一大瓶牛奶，結果由於手小拿不住而摔碎了整瓶牛奶。看著牛奶在地上流淌成一條河，我呆住了，不知如何是好。

媽媽過來看到我驚呆的樣子笑笑說：『沒什麼的，寶貝，快去把你的紙船拿來在牛奶河裡划船吧。』玩了划船之後我和母親一起收拾了房間，然後母親拿了一個類似牛奶瓶的瓶子裝滿了水，教會了我拿這種大瓶子的方法，從此以後我再也沒有摔壞過牛奶瓶。母親的行動保護了我的好奇心，鼓舞了我進行科學探索的勇氣。」

自信和智慧的父母是協助孩子成長的父母，是訓練孩子照顧自己的父母，支持孩子做事、不怕孩子犯錯，他們會更能開發自己的潛能。

（三）無微不至的關懷並不被孩子所接受

無微不至的關懷會造成孩子能力低下，也不為孩子所接受，並一直受到孩子的反抗。我們要教會孩子自己照顧自己，而不是他們一直受著我們的照顧，那樣只會讓孩子覺得自己什麼都不行，什麼都需要父母照顧才可以，其實我們在剝奪孩子成長的機會，潛移默化地告訴他們一個訊息——「你不行」。

孩子很小的時候就願意自己吃飯，只是父母害怕孩子弄得到處都是或者很久吃不完，會給自己添更多的麻煩，於是改成父母長輩來餵孩子，結果孩子天生要吃飯的事情都被改變成被動吃飯而到處追著餵飯。

孩子很小的時候也喜歡洗衣服，如果父母要拿過來幫他洗的話，孩子會不依不饒（第一反抗期），只是我們並不懂得孩子來幫忙洗衣服的目的也許只是作為一個遊戲來玩的，孩子的童年如果能經常玩水、沙、肥皂泡等，將帶給他無比的快樂和成長。

進入青春期的孩子經常和父母發生衝突，有許多情況是對父母對他們關懷的一種反抗。他們不願讓別人看到自己是個無能無用的人，他們需要在人們面前顯示自己的存在，顯示自己的能力，父母的包攬自然造成他們的反抗（第二反抗期）。

孩子比我們想像的更能照顧自己，一切不尊重孩子能力與邊界的做法都不會得到孩子的感恩，這種超越邊界的愛表達了對孩子的不信任，進而引起孩子的不滿與逆反或者消極抵抗。

二、父母不斷給孩子以鼓勵和指導

父母首先要做一個自我檢查：自己在哪些事情上包攬代替，造成了孩子的依賴？作為這個年齡段的孩子，他們應該掌握哪些生活技能？哪些事情是他們應該做的或應該會做的？

與孩子一起把那些事項列成表，按依賴程度較弱、較強兩個程度劃分，做出改進計劃，逐步進行實施。當孩子在一件小事情上獨立解決了問題之後，自信心就會油然而生，但很多時候是父母自身過於擔憂而包攬代替。

父母在這個過程中要做好鼓勵和監督工作，起好激勵和提醒的作用，千萬不能將孩子的「管理者」地位取而代之。我們應該多說「你能行，很不錯」，我們的目標是「教會孩子自己做，而不是包攬代替」。

典型案例

黃全愈在《家庭教育在美國》一書中這樣描述：礦礦的媽媽害怕孩子做雕像失敗，所以關鍵的地方就不讓礦礦動手。礦礦毫不客氣地對媽媽嚷道：「這是你的課題研究，還是我的研究？」「就因為是你的課題研究，我才這麼費心幫你。如果做壞了，你拿什麼去學校交作業呢？」礦礦的爸爸對妻子說：「兒子這麼想是對的，就讓他自己去幹吧，好壞都是他自己做的。」

三個人的對話反映了在對待可能遭受失敗時不同的心態：兒子自信、媽媽擔心、爸爸信任；表現出不同的行為：兒子因自信而敢幹、媽媽因擔心而包攬、爸爸因信任而支持；反映了兩種典型的教育觀念和態度，即保守的、包攬代替的和開放的、信任與支持的。

失敗就讓他失敗好了，那畢竟是孩子自己的事情，自己的親身體驗。即使雕塑得很醜陋，我們也只能指導與鼓勵，而不是代替或諷刺，否則我們就是在剝奪孩子成長的機會與權利。

愛因斯坦曾經在手工課上做了一些醜陋的板凳，他的同學譏笑他，而他卻拿出自己先前做的小板凳說：「還有比這更醜陋的呢。」可以說，愛因斯坦的性格成就了他的一生，而他的老師的評價卻值得我們每位家長學習。他說：「哦！我的孩子，你做的板凳一張比一張更好，你真不錯，真是棒極了！」

■三、父母要把做事的機會還給孩子

過去的孩子，漫山遍野裡跑，大街小巷裡竄，而如今的孩子被父母管得死死的，要想出門活動也只能是在父母的視野之內。

如今，大多數孩子休息的空間依照父母的意志而設計，娛樂的空間被限制和窄化，學習的空間被麻將聲和卡拉OK聲充斥，他們想展示一下自己的作品和成績，被父母一聲「有點成績就驕傲」而禁止。總之，孩子失去了展示自己的空間，個性受到壓抑，獨立性更未能得到發展。

（一）給孩子一個空間，讓他自己去活動

有識之士呼籲：請給孩子休息的空間，讓他自由地設計；請給孩子玩耍的空間，讓他盡情地嬉戲；請給孩子學習的空間，讓他安靜地思考；請給孩子自由的空間，讓他充分地展示。

如果孩子能夠自由地設計自己的休息空間，會給孩子無限的想像力，他們可能有很多的創意，而不是受到束縛變得呆板沒有生氣。如果孩子能夠有一定的自由時間和空間玩耍，而不是受到父母的安排與控制，他們就可能充分發展自己的個性與能力。如果孩子能有安靜的學習空間，他們更能夠智慧地思考；如果孩子能有自由的空間，孩子更能充分地展示自己獨特的魅力。

（二）給孩子一點時間，讓他自己去安排

「婷婷，該去做作業了」與「婷婷，你今晚有什麼打算」，請注意其中的區別。前者以命令的口吻安排孩子去執行，後者以民主的方式跟孩子討論他對時間的安排。前者造成了孩子的依賴思想和牴觸情緒，而後者卻培養了孩子的計劃安排能力，增強了他們安排處理事情和時間的自主性。

給孩子自己安排時間的權利，並不是父母就此放任不管，而是要教會孩子對自己的事情做好計劃安排，按照「重要＋緊急」原則，合理利用時間。父母在這個過程中要起好指導和監督的作用，指導孩子先做重要而緊急的事情，再做重要但不緊急、緊急但不重要的事情，最後做既不重要也不緊急的事情。

（三）給孩子一些條件，讓他自己去鍛鍊

與孩子一起尋找問題的答案，或教給孩子解決問題的途徑和方法，讓孩子自己去執行和實施，遠遠勝過直接告訴他們現成的知識與包攬代替。

有一位家長在帶孩子去動物園之前，就跟孩子商量完成一項任務，即邊走邊觀察，畫一幅動物園地圖。孩子異常興奮，早早地做好了準備，在短短的半天時間裡，孩子動腦、動手、動腿、動眼、動耳、動口，達到了全面鍛鍊的目的，學會了製作地圖，提高了綜合處理事情的能力，而更重要的是，他在心理上得到了一次幸福的體驗，對自己更有信心。

（四）給孩子一個問題，讓他自己找答案

那種只是向孩子們生硬地灌輸真理的教育方法，很容易使孩子養成思考上的惰性而缺乏智力上的自主性。有一位家長說他成功的經驗是：「孩子問我一個字，雖然我認識，但我不告訴他，而是鼓勵他去查字典。以後，再有不認識的字，他也不再問我，而是自己查字典解決。」

（五）給孩子一點困難，讓他自己去解決

「窮人的孩子早當家」這句話的確有它的道理。生活在窮困潦倒的家庭中的孩子，那種惡劣的生存環境，自然就為他準備了艱苦鍛鍊的條件。在如今順境的條件下教育孩子，我們可以主動給孩子設置一些困難，讓他自己去解決。有位家長給孩子一塊錢讓他從離家很遠的市中心回家，不到萬不得已不能打電話向家長求援。結果孩子在想了好幾種辦法後，選擇了向售票員說明情況而被允許免費搭車回到了家裡。

（六）給孩子一點權利，讓他自己去選擇

孩子的自主性往往表現在他的選擇上，但由於家長怕孩子選擇錯了，總是不能把選擇的權利交給孩子，可是如果從來不給孩子選擇的權利，他也就永遠學不會選擇，永遠沒有自主性，幹任何事都要先去問問父母。

只要不是什麼大是大非的問題，都應儘量讓孩子自己做主。比如要買什麼顏色、樣式的衣服、鞋、襪等，要參加什麼興趣小組、培養自己哪方面的特長等。這些都應該是孩子自己的事，應把做決定和選擇的權利交給他們。

總之,「孩子能做,家長就不包攬」。鼓勵孩子去做,包括孩子能做但做不好的事情、成人自己做比孩子自己做要更節省時間的事情,都應讓孩子大膽去嘗試。

在培養孩子特長方面,父母一定要弄清楚孩子到底喜歡什麼,而不是追趕潮流或者彌補自己過去的遺憾。有一個孩子跟父母提出來要學古箏,父母就帶孩子到琴房觀摩,在考查了孩子兩次之後最終同意孩子練古箏。後來孩子說要買古箏,因為老師說要每天回家練1小時。

父母說:「要是你不堅持練,我們買回家就浪費了,我們可不能隨便就買這個古箏,除非你保證能夠做到。」於是孩子寫下了保證書要每天練琴1小時,並堅持把古箏學好,如果做不到就用壓歲錢賠買古箏的錢。後來,孩子在練古箏這個問題上就比較自覺,不需要父母太多的督促。

▍四、在生活中做智慧的媽媽

典型案例

威爾遜要到山裡去參加為期兩天的露營。校方為他們介紹了營地的情況,為他們的準備工作提出了建議。媽媽問威爾遜是否需要幫忙,他驕傲地說:「我會照顧自己。」在走以前,媽媽檢查了他的行李,發現他沒有帶足夠的衣服,因為山裡要比平原冷得多,顯然威爾遜忽略了這一點。再有一點,她發現孩子沒有帶手電筒,這是露營的時候經常要帶的東西,但是媽媽並沒有說更多的話。

威爾遜高高興興地走了。過了兩天,等他回來的時候,媽媽問威爾遜:「怎麼樣,這次玩得開心嗎?」威爾遜說:「我的衣服帶得太少了,而且由於我沒有帶手電筒,每天晚上都要向別人借才能夠走出去,這兩件事搞得我有點狼狽。」媽媽說:「為什麼衣服帶少了呢?」「我以為那裡的天氣會與這裡的一樣,所以只帶了這裡平常穿的衣服,沒有想到山裡會比這邊冷。下次再去,我就知道該怎麼做了。」

「如果下次你去佛羅里達，也帶同樣的衣服嗎？」「不會的，佛羅里達很熱。」「是的，你應該先瞭解一下當地的天氣情況，再做決定，對嗎？」「是的。」「那手電筒是怎麼回事呢？你就沒有想到要帶它嗎？」「我想到了，而且老師也告訴我們要帶手電筒，可忙來忙去，結果搞忘了，下次露營時應該先列一個單子，就像爸爸出差前列單子一樣，這樣就不會忘掉東西了。」

出門該帶什麼東西那是孩子自己的事，老師和父母都只是指導，若由父母包攬，他就失去了培養自己獨立能力的機會。以後再碰到這種事情的時候，他仍然會手忙腳亂，丟三落四。

文中威爾遜的媽媽知道威爾遜帶少了衣服，而且忘了帶手電筒，這樣會影響他的這次出遊，但是如果她立刻給他指出來，也許威爾遜的這次出遊會更順利一些，但他絕得不到像前者那樣深刻的體驗和教育，也絕不會使他的獨立能力得到快速的增強與提高。

典型案例

一群小狐狸長大了，狐狸媽媽開始讓它們離開家。曾經很護子的狐狸媽媽忽然變得像發了瘋似的，就是不讓小狐狸進家，又追又咬的，非要把小狐狸一個個都從家裡趕走。

多麼殘酷的生存競爭，多麼殘酷的心理斷奶，可又是多麼智慧的生存手段，值得父母學習。

典型案例

某大學一高才生，被學校保送到美國攻讀博士學位。可是，面對這一人人夢寐以求的好事，這位學生卻愁眉苦臉，精神壓抑。由於從小被父母溺愛，他在家裡除了念書，其他什麼事都不會做。上了大學，也是他母親每隔一個星期去學校幫他洗一次衣服，每隔一個月幫他洗一次被子。

而現在卻要他一個人去美國那麼遙遠的地方生活，他不知怎麼辦才好，終日苦思冥想，憂心忡忡，最後居然跳樓自殺了！這或許是他想到的唯一能解決問題的辦法。

學習是為了更好地工作，工作是為了更好地生活，所以首先教會孩子生存與做人，他們才能真正地活在這個世界上。

早上很多孩子賴床，父母催促多次都不肯起來，導致父母因擔心自己上班和孩子上學遲到而情緒不良，而且孩子的這種不良習慣也讓父母憂心忡忡。以下是一份父母與孩子簽訂的協議書，供大家參考使用。

典型案例

協議書

學習成長是自己的事，身體健康也關係著自己一生的幸福，父母會協助孩子健康成長，但不能包攬代替，為養成獨立自主的良好生活習慣，特制定該協議：

第一，早上父母6：45之前做好早飯，孩子自己上定鬧鐘起床洗漱，然後吃完早餐上學去，父母只管做好早飯，其餘事項由孩子自己處理，後果自負。

第二，晚上回家之後，18：30左右吃晚飯，19：00～19：30是全家看新聞的時間，之後孩子做完作業可以自由活動，21：30孩子自覺上床睡覺，如果因為自己的原因導致作業未完成，也不許再繼續做，接受自己行為的自然後果。

第三，關於電視，週一至週四及週日晚上只能看新聞，週五、週六晚上可以自選兩個小時的節目進行觀看，如果違反協議，將取消看電視一段時間作為處罰。

孩子簽名：

監護人簽名：

第四講 童年學習與思維發展

　　童年期是兒童開始正規的學校學習的時期，是兒童從遊戲學習為主的階段向學校學習過渡的階段，父母首先要做好的就是這個過渡。由於孩子學習的遊戲特點，使父母需要用遊戲的方式引導孩子愛上學校學習，切不可態度生硬、方式刻板，否則讓孩子體驗到的是不自由、不好玩，導致在孩子的意識與潛意識裡留下學習是一件苦差事的印象，將影響孩子的一生。

　　同時，父母的態度也可能帶給孩子一種誤解，就是父母愛的是孩子的成績而不是孩子這個人本身。損害親子關係的做法是得不償失的，因此我們要做到的就是父母給予孩子智慧的陪伴，在遊戲中慢慢引導孩子走上學習的正軌。

一、兒童的學習特點與因材施教

（一）兒童的學習特點

　　1. 童年學習的年齡特徵

　　(1) 感知特點

　　孩子從籠統、不精確地感知事物的整體漸漸發展到能夠較精確地感知事物的各部分，並能發現事物的主要特徵及事物各部分間的相互關係。比如，在畫圖時，他們漸漸能夠注意到圖中各部分的大小比例。他們的感知從無意性、情緒性漸漸向有意性、目的性發展。起初，他們選擇觀察對象時常常從興趣出發，以後則漸漸能夠按照學習任務的需要去感知事物了。

　　第一，對於外界事物空間特性的知覺，小學低年級學生還需有具體事物的支持，比如，他們把「三角形」和「小旗子」、「長方形」和「桌面」相聯繫。隨著年齡的增長和知識的增加，他們的空間知覺漸漸從直觀向抽象過渡。

第二，對於時間的特性，孩子入學時能掌握他們經驗範圍內的時間概念，如前天、昨天、大後天等等，但對於與他們的生活關係不太密切的時間單位，如幾分、幾秒、幾世紀等則不能理解，而且對時間長短的判斷力也比較差。隨著年齡的增長，他們對時間單位的理解力和對時間長短的判斷力都會不斷提高，開始逐步懂得珍惜時間，學習的自覺性也日益增強。

對此階段兒童的教育要具體化，切忌抽象，家長不可以因孩子暫時不能理解而生氣或下一個孩子笨的結論。記住一個教育的原則：要教就不要生氣，要生氣就不要教！

(2) 注意特點

孩子由於身心發育的特點，其注意力不穩定、不持久，且常與興趣密切相關。生動、具體、新穎的事物，較易引起他們的興趣和注意，而對於比較抽象的概念、定理，他們則不感興趣，因而不易長時間地集中注意力。另外，小學生的注意範圍較小，常出現顧此失彼的現象。比如，邊聽課邊記筆記，同時注意演算速度和準確度，這些對於他們來說都是比較困難的。

不要強迫孩子長時間做自己不喜歡或者不擅長的活動，同時當孩子痴迷於某項活動時，儘量不要打擾，以培養孩子的專注度。

(3) 記憶特點

兒童的記憶最初仍以無意識記、具體形象識記和機械識記為主。他們對一些有趣的事情能很好地記住，而對老師交給他們的學習任務有時記起來卻感到困難；他們能記住一些具體的、直觀的材料，而對抽象的詞、公式和概念卻難以記住。隨著年齡的增長，他們的思維理解能力不斷提高，記憶的自覺性、對詞的抽象識記和意義識記的能力也會不斷提高。

2. 童年學習的性格特點

兒童的自我意識在不斷發展，自我評價的能力也不斷增長。隨著年齡和見識的增長，他們已不再完全依靠教師的評價來估計自己，而是能夠把自己與別人的行為加以對照，獨立地做出評價；他們逐步學會了用道德觀點和社

會準則來評價別人和自己的行為，儘管他們運用的準則通常是很具體的，他們的評價卻變得越來越全面，能夠同時看到正面與反面、優點與不足。

另外，隨著個性的發展，孩子的個性性格特徵也不斷增強，性格對他們行為的影響越來越大。當然，孩子性格的可塑性很大，但隨著年齡的增長，他們的行為會漸漸形成習慣，性格也就越來越穩定，越來越難以改變了。因而在童年階段進行有效的教育，使孩子形成良好的性格是非常重要的。

3. 童年學習需要教師和家長的引導

兒童的身體各器官、系統都生長發育得很快，他們精力旺盛、活潑好動，但同時因為他們的自制力還不強，意志力較差，所以遇事很容易衝動，意志活動的自覺性和持久性都比較差，在完成某一任務時，常是靠外部的壓力，而不是靠自覺的行動。在學習活動中，雖然開始時勁頭很足，但往往虎頭蛇尾，不能持久地堅持。隨著年齡的增長，小學生意志活動的自覺性和持久性會漸漸增強，他們能夠自主地完成作業。

在遇到難題時，有時也能夠控制自己不洩氣、不分心，直到問題得到解決。由於小學生的模仿性比較強，因而家庭對他們的影響不可低估。特別是現在獨生子女家庭比較多，孩子較易形成任性等不良習慣，因而就更應注意進行正確的教育和引導。

另外，兒童在學習各種知識和技能的同時，還要學習各種基本的學習行為或方法，如聽課、練習等。雖然兒童的大量學習是在自我激勵、自我引導中進行的，但是多數兒童的學習需要成人的有效幫助，在促進兒童學習發展方面，教師和家長往往充當著嚮導的作用。

4. 童年學習的情感因素

隨著年齡的增長，兒童的情感也逐漸變得更加穩定、豐富、深刻了。低年級小學生雖已能初步控制自己的情感，但還常有不穩定的現象。比如，他們受到表揚立即興高采烈，挨了批評則馬上情緒低落。此時他們雖已初步具有了愛憎的情感，但他們的愛憎還是和具體的事物緊密聯繫在一起的，比如對父母、親人的愛等等。

到了小學高年級，他們的情感更為穩定，自我尊重、希望獲得他人尊重的需要日益強烈，道德情感也初步發展起來。此時他們的好惡不再是只停留在口頭或面部表情上，而是常付諸行動。

比如，他們不僅在內心裡崇敬和熱愛英雄人物，而且能夠以他們為榜樣，幫助同學、努力學習……他們已能夠把對身邊親人的愛擴展到對教師、對同學的愛。隨著求知慾的日益增強，他們不再滿足於問「這是什麼」，而開始問「這是為什麼」，認識、分析各種問題，開始注意從動機、效果多方面評價自己和他人，對成人的依賴性較低年級小學生明顯減少。

5. 童年學習是多元智慧綜合發展

兒童多元智慧教育理論由美國哈佛大學著名教育學家加德納提出，其理論注重兒童智慧的全面開發。它將人的智慧分為 8 個方面（見圖 11），即語言智慧、身體運動智慧、內省智慧、自然觀察者智慧、空間智慧、人際交往智慧、音樂智慧和邏輯—數學智慧。

理論指出，0～7 歲是幼兒各個智慧發育的關鍵期，這一階段幼兒的智慧能否全面平衡地發展直接關係到幼兒的一生。每一個人的智慧組合是不同的，透過教育可以發現孩子的優勢智慧，從而把每一個孩子培養成富有個性的、適合未來社會發展需要的人。

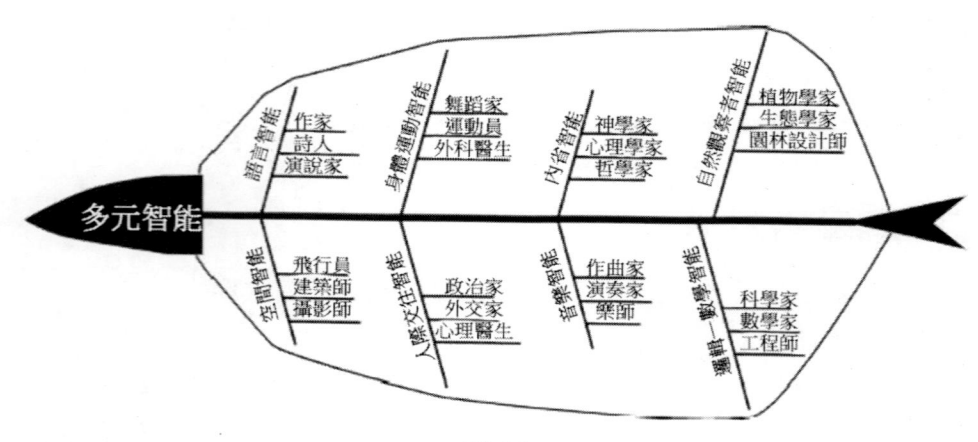

圖 11

（二）因材施教的學習培養

不同類型的孩子有不同的學習特點，教育技巧的全部訣竅，就在於抓住學生的特點，因材施教，才能事半功倍。陪著孩子學習，教會孩子學習。培養良好的學習習慣和學習能力，這種品質是孩子一生受用不盡的財富。那麼孩子屬於哪一類？家長在教育中該怎樣去引導，才能讓孩子快樂高效地進入學習狀態呢？

1. 視覺型孩子的學習特點與培養

(1) 學習特點

①善於用視覺來學習；

②多用圖像來記憶，透過觀察理解；

③很容易被移動的事物所吸引；

④用眼睛學習，喜歡觀察，會注意看到的任何東西；

⑤如果沒有足夠的吸引力，他就會因為旁邊的人或事分心。

(2) 培養策略

我們在生活中常常會碰到這種情況：一件事情，你向孩子說過幾遍他總不記得，但你要是寫出來給他看過一眼，他居然記得清清楚楚；我們在和孩子說話的時候，孩子似乎並沒有認真聽你在說什麼，他總是東張西望，有時甚至只是窗外的一輛疾馳而過的紅色汽車也能吸引他的注意力；更為常見的是，有些學習效果好的孩子，在課堂上學習的時候，他們的眼睛會整整一節課都隨著老師的身影轉動，關注老師在黑板上寫的每一個字，不放過老師臉上的每一個表情、所做的每一個手勢。很顯然，以上所說的都屬於視覺型的孩子。

自然觀察者智慧和視覺—空間智慧有可能是視覺型孩子的優勢智慧，而視覺就可能是他的優勢學習渠道。對於這樣的孩子，我們在他的學習過程中，可以多提供有視覺效果的方法。比如我們在培養孩子的自然觀察者智慧時，

可以鼓勵他觀察季節的變化，那麼在他觀察的時候，我們可以有意識地將他的注意力引到視覺的範圍。

視覺型孩子也有力求避免的東西，那就是當他在學習時，要儘量避免其他事物介入孩子的視線。比如書桌上顏色艷麗的鮮花，房間裡色彩斑斕、線條複雜的圖畫，甚至是從窗簾裡射進來的一線強烈的陽光都能吸引孩子的視線，影響其注意力的集中，更不要說玩具、電視等對孩子注意力的干擾。

2. 聽覺型孩子的學習特點與培養

(1) 學習特點

①善於用聽覺學習；

②用語音記憶，透過語言來理解；

③常常愛說話，發出很多的聲音；

④習慣於把思考過程口語化，常常需要把正在想的東西講出來；

⑤在安靜的不被打擾的空間中，學習效果會比較好。

(2) 培養策略

也許馬上就有家長恍然大悟：難怪我的孩子每次在背誦課文的時候不僅要讀得很大聲，而且有時候還非要一邊聽音樂一邊來理解課文的內容。所以，我們在培養聽覺型孩子的語言智慧或記憶智慧時，可以加入聲音的元素。比如，在培養孩子語言智慧的過程中，我們可以一邊講故事，一邊給孩子聽一首旋律舒緩的音樂，這樣更有利於他對語言的理解；或者在孩子閱讀的時候，我們可以將閱讀變得更有節奏，這樣也有利於孩子的記憶；書寫也是一種培養孩子的語言智慧的方法，這時，我們在孩子書寫的時候，也可以借助音樂的幫助，這樣可以使其身心很快獲得安寧。

但是有一點，聽覺型的孩子也更容易受到聲音的干擾。他們很容易被旁人的談話或是電視的聲音所吸引。在他學習的時候，有一點雜亂的聲音就極可能擾亂他的心神而使其心煩意亂。

在給聽覺型的孩子選擇聲音作為他學習的催化劑時，要儘量選擇舒緩而不是激烈的音樂。同時，還要杜絕一切沒有節奏的雜亂的噪音。

3. 體覺型孩子的學習特點與培養

(1) 學習特點

①善用體覺來學習；

②用身體記憶，透過操作來理解；

③告訴他這是蘋果，他一定要摸一摸；

④和他一起玩耍時運動強度很高；

⑤常常坐立不安，動來動去；

⑥就算是坐著，也有很多小動作；

⑦常常讓人懷疑這孩子有過動症。

(2) 培養策略

面對一件絲綢，也許你一眼能看出它的光澤，但有的人只有用手摸過才能斷定；對同一件事物的表達，有的人能以平靜的語言表述得非常清楚，而另外的人則非要手舞足蹈才可以；對同一個知識，有的學生透過看或者聽老師講解已經能弄得非常明白，而有的學生一定要親自做過一遍實驗才能瞭解。這些差異並非是說這些人有些怪異，只不過是他們屬於另一種認知模式而已，即體覺認知型。也就是說，體覺是他們的優勢學習渠道。

在培養這類孩子時，我們可以有意識地多強調體覺的功能。比如在學習溜冰的過程中，我們可以特別強調要孩子注意腳對滑輪的控制，那麼在他將要摔倒的時候能馬上找到這種感覺，從而避免摔倒。又比如跳舞的時候，特別是跳標準舞的時候，在動作之中，人體總是會不由自主地找到上一次正確動作的感覺，這些都是體覺在起作用。

（三）活動體驗與案例啟示

1. 活動體驗

情境假設：假如讓你一個人去一個沒有人煙的荒島上生活一週，基本的生活有保證（如食物、水），此時你最強烈的學習需求是什麼？或者說在這一週內，你最想學習的是什麼？（只能提一個需求）

解析：在相同的條件下，不同的家長（孩子）的學習需求是不同的。

2. 案例啟示

典型案例

某兒童，從小參加學前班和各種培訓班，現在對學習沒有興趣，經常不能按時完成作業，上課不專心，不是發呆就是畫畫。

過早地強制孩子學習或學習強度過大，會加重孩子的思慮，從而傷害到身體，而且家長也被拉進來一起受苦。現在的家長總是擔心孩子輸在起跑線上，殊不知他們其實已經被累死、厭煩死在起跑線上。如果孩子能夠快樂開心地學習，學習就能持久，否則就會成為一種負擔而厭煩學習。請記住：人生是一次長跑，不是看誰先起跑，而是看誰在快樂地享受這個過程。

在這個階段，學習成績是次要的，父母透過「潤物細無聲」式的言傳身教，教孩子學對錯、識好壞，保持對自然的好奇與探究，培養學習興趣與良好習慣才是最重要的。透過生活遊戲的方式，培養孩子的學習興趣和良好的學習習慣是教育的重點。

學習意識、興趣、習慣養成後，不用大人逼迫，孩子也會自覺主動地開始用功了。到那時，他的格局、他的視野、他的習性都會幫助他飛速提高。已故的教育界名師霍懋政女士說過：「其實學習不需要那麼艱苦，把課外時間還給孩子，學習質量就提高了。」

童年期的孩子，要保證他們有足夠的玩的時間。孩子需要有足夠的時間去體驗大量課外經歷，彌補各種課堂上學習不到的情商能力，即「文武之道，一張一弛」的理念。

典型案例

某兒童，學習成績一直較差。為了提高成績，他曾做過一定努力，上課比過去專心，用大量時間完成作業等，但效果不明顯，此後他再也不願意努力學習了，甚至不願去上學。

很多父母都碰到過這樣的問題：無論請多少家教來輔導，上多少補習班，孩子的成績還是沒有什麼起色，這恰恰是因為違反真正的教育法則導致的。在「模仿套用＋死記硬背」的應試制度下，應試能力偏弱的孩子，即使增加一倍的學習時間，多做一倍的習題量，仍然考不出好成績，還白白犧牲了培養其他能力的課外時間，導致兩頭皆空。

我們不反對孩子為優秀的成績而努力，對於大部分孩子來說，只要能做到自主學習，有計劃地完成基本學業和功課就可以了，無須過多地糾纏於名次和分數。只有這樣，才能讓孩子既不會在知識上落後於他人，還能騰出時間進行彌補能力短處的活動，這是一舉兩得的正確舉措。

典型案例

有個女孩，家庭條件比較好。性格內向，膽子小。雖然學習成績屬中上，卻總是自卑地認為別人比自己強，所以，她變得越來越不願與同學交往，課堂上也從不發言。

老師和家長不要灌輸「分數高的人就更優秀」的觀念給孩子。當今大學生的主要問題是「過於自我」「能力不強卻心氣很高」以及「不能踏實地從低做起」等，導致這種結果的根源是這些大學生從小被灌輸了「分數高的人就更優秀」的觀念。他們覺得考試成績是唯一的評價標準，學習像吃飯一樣必不可少。

吃飯能維持人類生存，提供成長的能量及營養，而學習能幫助孩子擴展認知力、鍛鍊思考力和增強上進心。但正如一個人長期只吃精飯精菜會誘發腸胃疾病一樣，如果學習功利性過高，更容易打壓孩子的智商和情商，使他們喪失學習興趣，效果適得其反。

孩子能成績優秀固然令人欣慰，但一個人的優秀和成功是多方面的，甚至優秀和成功並不能與幸福畫等號，教師和家長應有平和之心並傳遞給孩子無條件的愛，讓孩子能正確評價自己，不斷積累自信，健康快樂成長。

二、兒童思維發展的特點與訓練

典型案例

　　1983 年，一位在美國學習的法學博士普洛羅夫在做畢業論文時發現：50 年來，美國紐約里奇蒙郡一所窮人學校聖·貝納特學院出來的學生犯罪記錄最低。普洛羅夫在將近 6 年的時間裡進行調查，只問一個問題：「聖·貝納特學院教會了你什麼？」他一共收到了 3756 份回函，在這些回函中有 74% 的人回答，他們在學校裡知道了一支鉛筆有多少種用途，入學的第一篇作文就是這個題目。

　　當初，學生都知道鉛筆只有一種用途——寫字。後來他們都知道了鉛筆不僅能用來寫字；必要時還能用來替代尺畫線；還能作為禮品送朋友表示友愛；能當商品出售獲得利潤；鉛筆的芯磨成粉後可以做潤滑粉；演出的時候可以臨時用來化妝；削下的木屑可以做成裝飾畫；一支鉛筆按照相等的比例鋸成若干份，可以做成一副象棋；可以當作玩具的輪子；在野外缺水的時候，鉛筆抽掉芯還能當作吸管喝石縫中的水；在遇到壞人時，削尖的鉛筆還能作為自衛的武器等。

　　聖·貝納特學院讓這些窮人的孩子明白，有著眼睛、鼻子、耳朵、大腦和手腳的人更是有無數種用途，並且任何一種用途都足以使我們成功。

　　培養孩子的想像力比記住一大堆知識更重要。

（一）兒童思維發展的特點

　　思維是人腦對客觀現實間接、概括的反映，反映的是事物的本質和內在的規律性，是人類認識的高級階段。思維實現著從現象到本質、從感性到理

性的轉化，使人達到對客觀事物的理性認識。人們透過思維，可以更深刻地把握事物，預見事物的發展進程和結果。

小學生的思維是其智力的核心部分，小學生思維的發展，是其智力發展的標誌和縮影。發展小學生的智力，主要應培養和訓練他們的思維能力。小學生思維發展的一般特點如下。

1. 從以具體形象思維為主要形式向以抽象邏輯思維為主要形式過渡

小學低年級學生的思維雖然有了抽象的成分，但仍然是以具體形象思維為主。比如，他們所掌握的概念大部分是具體的、可以直接感知的，他們難以區分概念的本質和非本質屬性，而中高年級小學生則能區分概念的本質和非本質屬性，能掌握一些抽象概念，能運用概念、判斷、推理進行思考。

小學生的思維由具體形象思維向抽象邏輯思維的過渡存在著一個轉折期，一般出現在四年級。如果教育得當，訓練得法，這一轉折期可以提前到三年級。

2. 抽象邏輯思維發展不平衡

在整個小學時期，兒童的抽象邏輯思維水平不斷提高，思維中抽象的成分日漸增多，但在不同的學科、不同的教學內容中表現出不平衡性。例如，對於兒童熟悉的學科、難度小的任務，兒童思維中抽象的成分較多，抽象的水平較高；而對於兒童不熟悉的學科、難度大的任務，兒童思維中的具體成分就較多。

3. 抽象邏輯思維從不自覺到自覺

小學低年級學生雖然已掌握一些概念，並能進行簡單的判斷、推理，但他們尚不能自覺地調節、控制自己的思維過程。而中高年級的小學生，他們在教師的指導下，對自己的思維過程進行反省和監控的能力有了提高，能說出自己解題時的想法，能弄清自己為何出錯，這表明他們思維的自覺性有了發展。

4. 辯證邏輯思維初步發展

抽象邏輯思維的發展要經歷初步邏輯思維、經驗邏輯思維、理論邏輯思維（包括辯證邏輯思維）三個階段。小學生的思維主要屬於初步邏輯思維，但具備了邏輯思維的各種形式，並具有了辯證邏輯思維的萌芽。研究表明：小學兒童辯證邏輯思維發展水平隨著年齡的增長而提高。小學一、二、三年級是辯證邏輯思維的萌芽期，四年級是辯證邏輯思維發展的轉折期。整個小學階段辯證邏輯思維發展水平尚不高，屬初級階段。

（二）兒童思維品質訓練

思維訓練是20世紀中期誕生的一種頭腦智慧開發和訓練技術。其核心理念是相信「人腦可以像肌肉一樣透過後天的訓練強化」。經過長期的探索實踐，這一智力開發技術已經廣泛應用於嬰幼兒學齡前教育、中小學生思維技能素質提升上。

典型案例

測試：

(1) 你能以最快速度，把冰變成水嗎？

(2) 有一個字，人人見了都會唸錯。這是什麼字？

(3) 你能用藍筆寫出紅字來嗎？

(4) 一頭牛，向北走10公尺，再向西走10公尺，再向南走10公尺，倒退右轉，牛的尾巴朝哪兒？

(5) 一隻候鳥從南方飛到北方要用一個小時，而從北方飛到南方則需兩個半小時，為什麼呢？

(6) 什麼東西掉進水裡不會濕？

(7) 一根長棍子（不准弄斷），那怎樣才能使它變短？

(8) 兩個口是呂，三個口是品，那四個口、五個口分別是什麼字？

(9) 有一個小圓孔的直徑只有1公分，而一種體積達100立方公尺的物體卻能順利透過這個小孔，那麼它是什麼物體呢？

答案:

(1) 把「冰」字去掉兩點,就成了「水」。

(2)「錯」字。

(3) 寫個「紅」字有何難。

(4) 一直朝地。

(5) 兩個半小時不就是一個小時嗎。

(6) 影子。

(7) 拿一根更長的棍子和它一比不就短了嗎。

(8) 田、吾。

(9) 水。

1. 專項訓練一:思維靈活性訓練

思維靈活性指的是發散思維的思路能迅速地轉換,能變化多端,可舉一反三,觸類旁通,從而提出不同凡響的新觀念、解決方案,產生超常的構想,這是發散思維「質」的指標。

(1) 練習1:在8分鐘之內列出紅磚的所有可能用途

※ 提示

建築材料:蓋房子(包括蓋大樓、賓館、教室、倉庫、豬圈、廁所……)、鋪路面、修煙囪等;

磚頭的重量:壓紙、醃菜、做砝碼、當啞鈴鍛鍊身體等;

磚頭的固定形狀:做尺、骨牌,墊腳等;

磚頭的顏色:水泥地上當筆、畫畫、壓碎的紅粉做指示牌、磨碎摻進水泥做顏料等;

磚的硬度:當板凳、錘子、書架、磨刀石等;

兒童心理發展與家庭教育智慧
第四講 童年學習與思維發展

化學性質：吸水等；

刻成一顆紅心獻給心愛的人，在磚上製成自己的手、腳印變成工藝品留念。

(2) 練習 2：○是什麼？（至少想出 30 種）

※ 提示

腦袋、地球、宇宙、圓、英文字母 O、氧元素符號、雞蛋、扣子、麵包、鐵環、孫悟空的緊箍咒、杯子、麻子、圓滿、結束……

(3) 練習 3：由圖 12 你能想到什麼？

圖 12

※ 提示

奶牛、長頸鹿、圍巾、鵝卵石小路、小丑帽子、領帶、地圖、被汙染的水、軍裝、窗簾……

2. 專項訓練二：思維獨特性訓練

思維的獨特性是指超越固定的、習慣的認知方式，以前所未有的新視覺、新觀點去認識事物，提出不為一般人所有的、超乎尋常的新觀念。

(1) 練習 1：有個裝滿水的杯子，請你在不傾倒也不打碎杯子的情況下，取出其中全部的水。

※ 提示

獨特思維一：將一隻口渴的動物放入杯子裡，讓它把水喝乾。

獨特思維二：把一個裝滿水的氣球放入杯子，將杯中的水替換出來。

獨特思維三：拿一支吸管吸出來即可。

(2) 練習 2：雨傘存在的問題

※ 提示

①容易刺傷人；

②乘車時傘會弄濕乘客的衣物；

③傘骨容易折斷；

④傘布透水；

⑤開傘收傘不夠方便；

⑥樣式單調、花色太少；

⑦傘具攜帶收藏不夠方便。

解決方案：

①增加折疊傘品種；

②傘布進行特殊處理；

③傘頂加裝集水器，倒過來後雨水不會弄濕地面；

④增加透明傘、照明傘、橢圓形的情侶傘、拆卸式傘布等；

⑤還可以製成「灶傘」，除了擋風遮雨外，在晴天撐開傘面對準太陽，傘面聚集點可產生 500 度的高溫，太陽傘成了名副其實的「太陽灶」，用途一下子就拓寬了許多。

3. 專項訓練三：思維流暢性訓練

思維流暢是指思維的進程流暢，沒有阻礙，在短時間內能得到較多的思維結果，發散思維「量」的指標。

(1) 練習1：寫出10個在「十」字上加最多三筆所構成的新字

※ 提示

王、干、千、田、土、丰、圭、士、什、仕、古、禾……

(2) 練習2：一分鐘寫「努力」的近義詞

※ 提示

全力、勉力、發奮、勤勉、死力、悉力、盡力、勤懇、勤苦、奮發、戮力、辛勤、極力、勤奮、勤勞、竭力、發奮……

(3) 練習3：儘可能多地寫出含有「子」的詞

※ 提示

椅子、桌子、鐲子、凳子、被子、杯子、種子、中子、原子、尺子、質子、侄子、院子、鞋子、蠍子、襪子、耗子、號子、分子、本子、赤子、小子、老子、猴子、兔子、呆子、沙子、傻子、包子、餃子、轎子、簾子、鏈子、蓮子、繩子、剪子、鍵子、筷子、竹子、柱子、珠子、鼻子、脖子、團隊、豹子、面子、肚子、車子、褲子、孩子、公子、房子、孫子、盒子、帽子、男子、孔子、莊子、列子、鬼谷子、孟子、孔夫子、管子、皇子、王子、黑子、瞎子、渣子、卒子、朱子、諸子、蘇子、西子……

（三）給家長對於兒童思維訓練的建議

1. 科學的信心

思維訓練是20世紀中期誕生的一種頭腦智慧開發和訓練技術。其核心理念是相信「人腦可以像肌肉一樣透過後天的訓練強化」。經過長期的探索實踐，今天人們掌握了有效開發頭腦智慧的方法。運用這些方法，可以讓孩子乃至成人的思維能力得到明顯的改變和提高。

2. 耐心的等待

不管是在做什麼訓練，家長都需要給孩子充足的時間去練習。如果孩子對訓練的要求不是特別清楚，或是練習過程中出現困難，家長不必催促或是

批評孩子，儘量給孩子空間和時間去完成練習，否則將因造成孩子心理的傷害而適得其反。在練習中我們經常會發現家長不給孩子足夠的時間停頓和思考，這種做法其實不利於孩子創新思維的養成。

心理學的研究表明，當兒童產生了心理安全感和獲得心靈自由的時候，是最有利於兒童思維訓練的時候。所以，家長要充分尊重孩子的思考權和話語權，這樣孩子就可以闡述自己的觀點。這就是民主、氣氛融洽的真正體現，也是兒童思維訓練、創新能力得以培植的沃土。

3. 溫柔的堅持

孩子思維的培養與家庭環境和氛圍有密切關係。只有保持家庭成員之間的和睦相處，平等生活，遇事互相探討、共同商量、有理為正、有理為真，孩子在平等的氣氛中長大，沒有拘束和壓力，才能有開放的思維、愉悅的心境和不時閃爍出創造的思維之光。

在練習的過程中，就是讓孩子與家長處在一種平等的、雙向的、交流的，而不是管教的、單向的、獨斷的互動關係之中；既控制，又靈活，將深切的關愛和適度的要求互相結合。兒童對發生在自己周圍的很多現象饒有興趣，所以他們經常會將自己的疑問提出來並進行嘗試，這種提出疑問和嘗試的行為也是孩子自身進行思考的表現，家長要小心呵護孩子的這種熱情。

4. 親子的樂園

兒童在做思維訓練時候，孩子的主動性和創造性，與家長自身的思維的靈活性和豐富性息息相關。所以家長自身在兒童思維訓練的時候要具有開拓性，以創造者的身份進入設置的家庭情境中，為兒童思維訓練創設一個良好的環境。因為即使孩子和父母生活在一起，相互的交流也未必溫暖且有效。

不是每個家庭都有親子互動的時間，有些孩子回家要不就是做作業，要不就是自己看動畫或是玩遊戲，而父母則各自忙自己的事情。家長與孩子共同進行思維訓練的練習，互相出題目，可以加強家長與孩子的溝通。

5. 系統的方法

①在做練習時，家長和孩子需要把握合理的內容和時間。難度和強度需要符合孩子的身心條件，有針對性地選擇練習方法的組合。

②鼓勵孩子大膽進行探索。孩子的天性是玩，聰明的孩子不可能是不會玩的孩子。家長要積極鼓勵孩子進行探索性玩耍。

③啟發孩子從多角度思考問題。在日常家庭生活中，要經常引導孩子從多角度看待事物和分析事物，慢慢養成換一種思路考慮問題的好習慣。

④保護孩子的好奇心，好奇心是思維的前驅，也是獲得知識的必要條件。在孩子對他所接觸的事物產生好奇時，一定要保護好和引導好孩子的好奇心，儘可能讓他多接觸周圍事物，最大限度地激發和滿足他的求知慾望。

第五講 獎懲原理與合理實施

在對孩子的教育管理過程中難免會用到獎勵與懲罰，但獎懲的心理學原理是什麼，如何做到科學地獎懲呢？心理學的研究給了家長很多的啟示，家長如果掌握了這樣的一些基本原則與策略，對於孩子的健康成長必將造成很好的作用。不少家長有這樣的經歷，即孩子第一次考了 100 分，回來就向家長要獎勵。多數家庭比較隨便，只要孩子能考得好，幾乎是有求必應，並誇下許多海口。

其實，獎勵並非是小事一樁，處理不好就可能事與願違。所以，家長們也要講究獎勵的策略和原則。適當的懲罰是「愛」的表現，也是規範孩子行為的有效手段。教育家馬卡連柯指出：「合理的懲罰制度有助於學生形成堅強的性格，能培養他們抵擋和戰勝誘惑的能力。」懲罰絕不等於體罰，更不是傷害，不是心理虐待、歧視，讓孩子覺得難堪，打擊他們的自信心。

一、獎勵與懲罰的心理學原理

（一）強化與懲罰

史金納認為，強化是指在一種刺激情境中，有機體的某種反應後果有使該反應出現的概率提高的作用。能造成強化作用的反應後果，如得到食物或獎勵等，叫做強化物。懲罰是指一個反應之後的一個刺激或事件減少了這個反應再次發生的可能性。所謂懲罰物，就是指其呈現可以降低反應發生概率的事件。厭惡刺激和厭惡活動，都是懲罰物。研究表明，厭惡刺激和厭惡活動的承受、積極刺激和積極活動的撤離，都可降低行為發生的概率。

史金納還進一步將強化和懲罰劃分為四種類型（見表1）。

兒童心理發展與家庭教育智慧
第五講 獎懲原理與合理實施

表1　強化和懲罰的四種類型

	刺激增強	刺激消除
反應增加	正強化——積極強化(愉快刺激呈現)	負強化——消極強化(消除不愉快刺激)
反應降低	正懲罰(不愉快刺激呈現)	負懲罰(消除愉快或強化刺激)

1. 正強化

正強化也稱陽性強化，是指個體做出某種行為或反應，隨後同時得到某種獎勵，從而使行為或反應強度、概率或速度增加的過程。正強化的方法包括表揚、鼓勵、對成績的認可、獎金、改善條件、給予學習和成長的機會等。當個體反應後出現的刺激物強化了該反應時，這種刺激物叫做正強化物。例如，如果家長的一次鼓勵增加了孩子完成學習任務的可能性，那麼，鼓勵就是正強化物，孩子完成任務就受到了鼓勵的正強化。

典型案例

早在20世紀60年代，一群學前教育的老師進行了一項經典的研究，他們利用正強化幫助一位小女孩克服羞澀心理，這項研究成為最被廣泛引用的關於正強化的例證 (Allen et al., 1964)。這群老師非常擔心這個小女孩，因為她幾乎不和其他小朋友玩耍，而花太多時間和成年老師待在一起，於是老師們決定透過正強化鼓勵她與小朋友玩耍。他們知道，這個小女孩喜歡得到來自老師的表揚，所以他們決定只有當她和另一個小朋友一起玩耍時才表揚她。

他們首先統計了在對小女孩採取措施之前，她同其他孩子及老師交往的頻率。第二階段，老師在小女孩和其他孩子玩耍時給予正強化（表揚），但幾乎不對她賦予其他關注，這樣，她僅在和其他孩子玩耍時才能得到來自老師的正強化。當老師對其進行正強化時，她與夥伴玩耍的頻率顯著增加了。

為了確定是正強化而不是其他因素導致了這種改變，教師在第三階段（撤銷階段）停止了對小女孩進行強化，在第四階段重新對其進行強化。當正強

化停止後，小女孩與同伴玩耍的頻率降低，而在第四階段，隨著正強化重新開始，她與同伴玩耍的頻率又增加了。這樣，老師們透過使用正強化手段，能夠有意地教給這個小女孩一種更具適應性的玩耍模式。

2. 負強化

負強化也稱陰性強化，是透過厭惡刺激的排除來增加反應在將來發生的概率，即減少或取消厭惡刺激來增加某行為在以後發生的概率。負強化的方法包括撤銷批評、處分等。當個體反應後使厭惡性刺激減少或消失從而強化了該反應時，這樣的刺激物就叫做負強化物。

例如，當孩子認真完成家庭作業就不再受到父母的責罵，那麼，父母的責罵就是一個負強化物，孩子完成家庭作業的行為受到父母責罵的消失的強化。在小轎車上的乘客繫上安全帶後，一個厭惡的提示音即刻消除，從而強化了乘客繫安全帶的行為，這也是負強化的典型例子。

3. 正懲罰

正懲罰是指某一行為產生後伴隨著討厭刺激物的出現，從而減少這一行為再次出現的可能性。當兒童出現不適宜的行為時，如作業沒有完成，家長可以施加一個壞的刺激，如嚴厲的批評，給予兒童相應的處罰，就屬於正懲罰。當個體在一定刺激情境中做出某一行為後，若及時使之承受厭惡刺激或厭惡活動，那麼個體在今後類似刺激情境中，該行為的發生概率將會下降。

通常正懲罰採用的刺激都是兒童極力避免的刺激，如斥責、批評、體力勞動、體罰等，這些刺激一般會令兒童感到不快，從而使得兒童改變自己的不適宜行為。正懲罰必須注意，懲罰的是什麼，意義要明確，時間要適當。

典型案例

小林一家人正在吃晚飯，小林不好好吃飯，媽媽命令他站在一邊，不准吃飯。全家人繼續吃飯，沒有過多地注意小林。一會兒，小林表示：「媽媽，我不鬧了，以後好好吃飯還不行嗎？」於是媽媽答應他，讓小林坐下來繼續吃飯。

兒童心理發展與家庭教育智慧
第五講 獎懲原理與合理實施

在這個案例中，小林媽媽其實先採用了懲罰，再用負強化，接著讓小林繼續吃飯則採用了正強化的行為矯正方法。小林出現不適宜行為（不好好吃飯），媽媽給予正懲罰（站著），來減少小林不好好吃飯的不適宜行為。同時進行了負強化（不准吃飯），希望增加小林好好吃飯的適宜行為。

在小林意識到自己的錯誤，希望表現出適宜性行為時，媽媽對其進行了正強化，表示一旦小林好好地吃飯就可以坐下來繼續吃飯了。這樣小林就會意識到好好吃飯是適宜行為，這就可能增加其後好好吃飯這一適宜行為的出現概率。

4. 負懲罰

負懲罰是指某一行為產生後伴隨著喜愛刺激物的消失，從而減少這一行為再次出現的可能性。即當不適當的行為出現時，不再給予原有的獎勵。當個體在一定刺激情境中做出某一行為後，若及時撤除正在享用的積極刺激或積極活動，那麼個體在今後類似刺激情境中，該行為的發生概率將會下降。

如兩個孩子在看一部非常好的動畫時突然打起架來，家長去掉一個好的刺激，如關掉電視，以減少兒童不適宜行為（打架）的出現概率。兒童不願意吃藥，本來家長要帶兒童出去玩耍，這樣就可以取消玩耍的計劃，直到兒童吃藥為止。負懲罰比正懲罰更為常用。

典型案例

有一個學生，做作業速度非常慢，常常拖拖拉拉，做做停停，爸爸媽媽對於孩子這個缺點無可奈何。但是孩子又非常喜歡看電視，常常又因為看電視而影響做作業的質量和速度。結合這兩點，我告訴家長，以看電視作為懲罰的刺激物，只有當孩子在規定時間內完成作業，或者只有孩子完成作業後才可以看電視，否則無論如何都不會給他看電視。堅持一段時間後，發現孩子完成作業的速度有一定程度的提高。恢復看電視的過程就是正強化。

在家庭教育中，如果小孩的行為不符合要求，可以取消他的某些權利，如不准他玩、不准他參與某項活動等——這是實施負懲罰；當他的行為符合要求時恢復他之前喪失的權利——這是實施正強化。

（二）強化的程序

史金納及其同事把強化程序分為連續強化程序和部分強化程序。連續強化程序是指每一次理想行為出現時，都給予強化。部分強化程序並不是對每一次理想行為都給予強化，但是為了保證行為能夠重複，強化的次數也應是充分的。部分強化可以分為四種類型，即固定頻率、固定間隔、變化頻率、變化間隔四種策略。

1. 固定頻率強化

是指強化物在有機體做出一定數目的反應後才出現，例如，學生交五次作業受到一次強化、計件工資等屬於固定頻率強化。

2. 固定間隔強化

是指強化物在經過一個確定的時間間隔後加入，如家長可以每十分鐘觀察孩子一次，如果孩子這時表現良好，就給予強化。

3. 變化頻率強化

是指強化由反應次數所決定，但每次強化所要求反應的次數不一樣，機體做出的反應越多，得到的強化也越多，但機體不知強化的標準，不能完全控制強化。如買樂透不知道哪一次會中獎，日常生活中家長對兒童的表揚、批評等，多屬於此類。

4. 變化間隔強化

是指強化出現的時間無規律可循，機體不知何時出現強化，但總有一種就要出現的預想，所以反應速度比較穩定、不出現停頓。如不定期的作業檢查等。

前兩種屬於定期策略，其好處是兒童每一次正確反應都得到強化，因此能產生快速學習。它的缺點是動物和人都可能對這種定期的固定獎勵形成預期和依賴，一旦獎勵完全取消，就比較難保持曾被獎勵過的行為。後兩種屬於不定期策略，其好處是能引發非常高的反應頻率和非常強的抵禦消退的能力。

因為獎勵的實施無規律，兒童從來就不能準確知道何時將得到獎勵，他們對獎勵的依賴較弱，並且偶爾獲獎還使他們體驗到一種出乎意料的驚喜。所以在獎勵完全停止後，他們仍能保持相當長時間的正確反應。

二、科學實施獎勵的教育策略

（一）及時性策略

獎勵的及時性策略是指在孩子的良好行為出現後立即給予獎勵，獎勵與行為之間的時差不大，有的幾乎是瞬間的事情。研究發現，獎勵越及時，效果越好；獎勵越具體，效果也越好。比如，當孩子幫助媽媽擇菜洗菜之後，媽媽說：「你幫我節省了做飯的時間，這樣我們飯後就有更多時間玩了，我真開心。」這樣的表揚就比「你真是個好孩子。」要有效得多。

典型案例

「媽媽，今天跑步我得了第一名。」樂樂高興地對媽媽說。「和誰跑步啊？為什麼跑步啊？」媽媽淡淡地問了一句。「今天上體育課，老師讓我們比賽跑步，我是跑得最快的，老師誇我很有運動才能呢。」樂樂的臉上帶著得意的笑容。「哦，知道了，今天有作業嗎？快去做作業吧！」媽媽好像沒有聽到樂樂說的話。

聽到媽媽這麼說，樂樂覺得非常失望，悶悶不樂地到一邊去了。他不明白為什麼自己跑了第一名，媽媽卻一點都不高興，也不誇獎他。正當樂樂不理解媽媽的行為時，爸爸回來了。爸爸發現樂樂很不高興，就問他：「怎麼了孩子，有什麼不開心的事情嗎？」

「爸爸，我今天跑步得了第一名，老師都誇獎我了，可是媽媽卻一點都不高興。」樂樂很委屈地對爸爸說。「是嗎？真厲害！和爸爸說說，都是和誰跑的？」爸爸很高興地問。「體育老師讓我們分兩組，男生一組，女生一組。男生裡我跑得最快，他們都不如我，被我甩開好大一截呢！」

「真是好樣的，等會兒吃飯的時候一定要多吃點，這樣才能讓身體更強壯，以後跑得更快，好嗎？」「嗯，我以後還要跑第一名。」樂樂高興地跑到飯桌旁邊，等待吃飯了。

及時獎勵的好處有：

1. 及時肯定成績，造成勉勵作用

孩子行為的好壞、優劣，除了自我評價外，還有賴於家長的評價。孩子從家長的評價中，看到自我的形象，由此而造成勉勵的作用。

2. 有利於形成積極的動力定型

對孩子良好行為的及時獎勵，能使孩子迅速產生積極的心理反應，對自己的獲獎行為記憶深刻。在這種獎勵多次重複後能產生積極的動力定型，使這種良好的行為習慣化，並使之發揚光大。

3. 有利於調動孩子的積極性

由於對這種良好行為的及時肯定，使周圍的人學有目標、趕有方向、比有差距，有利於及時調動大家的積極性，形成你追我趕的上進氛圍。

在學校和家庭教育中，在兒童的某種值得獎勵的行為發生後的短時間內應給予其獎勵，獎勵越及時，效果越好，並且獎勵的應該是孩子的某種具體行為而非一句空話，這樣的獎勵才會有效。

（二）物質與精神獎勵相結合的策略

物質與精神獎勵相結合的策略指在獎勵的過程中，應堅持合理的物質獎勵與適宜的精神獎勵相結合，但應以精神獎勵為主。

1. 合理的物質獎勵

每當孩子取得了階段性的進步、小小的成功抑或完成了某些任務，家長應當給予其合理的物質獎勵。物質獎勵不要過於奢侈，以免給孩子造成不良的價值導向。給孩子物質性獎勵，一定要著眼於孩子的需求。如各類學習用品、孩子感興趣的物品，具體來說如籃球、積木、彩色筆、玩具等。

2. 適宜的精神獎勵

適宜的精神獎勵尤為重要，精神獎勵可以更好地幫助孩子書寫美好人生。適宜的精神獎勵可以分為三種：

①肢體動作獎勵。每當孩子取得進步時你要給予他一個「大拇指」、給他一個微笑、給他一個傾聽者的姿態、給他一個堅定又鼓勵的眼神。

②語言獎勵。用你所認為的最美麗的言語，去形容孩子的成長和進步。不要把孩子取得的進步看得太小，須知每一次小小的成功他都付出了很大的努力。

③精神洗禮獎勵。給孩子一個自由的時間，讓他們去放鬆，去享受、感悟這個世界。家長可以帶孩子去旅遊、踏青、露營、遊樂場遊玩，從而讓孩子的精神得到洗禮和昇華。

獎勵需要針對孩子的需求，而不是家長一廂情願，當然適當地引導孩子的需求，把物質與精神獎勵相結合，才能更大地調動孩子的動力。

（三）期待性策略

獎勵的期待性策略指家長對孩子積極的期待、包容的態度、正向地解讀孩子暫時的不夠好，其實就是對孩子很好的獎勵。這種獎勵是無形的，它主要反映了家長對待孩子的一種積極心態與態度，是對孩子「花開有季節」的接納與內在的安定、從容及信任。

典型案例

第一次家長會：幼稚園的老師對第一次參加兒子家長會的母親說：「你的兒子有過動症，在板凳上連三分鐘都坐不了，你最好帶他去醫院看一看。」回家的路上，母親卻這樣告訴了自己的兒子：「老師表揚你了，說寶寶原來在板凳上坐不了一分鐘，現在能坐三分鐘了。其他的媽媽都非常羨慕媽媽，因為全班只有寶寶進步了。」那天晚上，兒子破天荒地吃了兩碗米飯，並且沒有讓大人餵。

第二次家長會：兒子上小學了，母親再次去參加學校召開的家長會。老師對母親說：「全班 50 名同學，這次數學考試，你兒子排第 49 名。我們懷疑你兒子智力上是不是有些障礙，您最好能帶他去醫院查一查。」回去的路上，母親流下了淚水。

然而，當她回到家裡，卻十分親切地對坐在桌前的兒子說：「老師對你充滿信心。老師說了，你並不是個笨孩子，只要能細心些，你一定會超過你的隔壁桌，這次你的隔壁桌排在第 21 名。」說這話時，她發現，兒子暗淡的眼神一下子充滿了光，沮喪的臉也一下子舒展開來。

第三次家長會：孩子上了國中，學校又一次召開家長會。母親去問老師孩子的學習情況，老師告訴她：「照你兒子現在的成績，考高中還不太有把握。」母親懷著驚喜的心情走出校門，此時她發現兒子在等她。路上她扶著兒子的肩膀，心裡有一種說不出的甜蜜。她告訴兒子：「班導師對你非常滿意，老師說了，只要你努力，很有希望考上。」

兒子高中畢業後，在第一批大學錄取通知書下達的那天，學校打電話來讓兒子到學校去一趟。兒子從學校回來時，把一封印有台灣大學招生辦公室的特快專遞交到母親的手裡之後，突然轉身跑到自己房間裡大哭起來，邊哭邊說：「媽媽，我一直都知道，其實我並不是一個非常聰明的孩子，是您這些年始終的鼓勵……」這時，母親悲喜交加，再也按捺不住十幾年來凝聚在心中的淚水，任它打濕在手中的信封上。

家長修煉自己，讓自己保持內在的安詳與寧靜，對孩子的成長有信心，有花開早晚的接納、包容、淡定與信任，對孩子暫時的不夠好給予積極的期待，孩子會感受到父母的愛與信心，他們自然會慢慢激發出綻放自己生命的能量，最終成為他應該成為的自己。

（四）定期與不定期獎勵相結合的策略

不定期獎勵是一種部分強化，心理學研究證明，僅僅透過偶爾的即不定期的或部分的強化，就可以使某些行為得以保持。更進一步的研究表明，被部分獎勵的行為，在獎勵完全停止以後持續的時間比被全部獎勵的行為持續

時間更長。獎勵是給孩子的意外之喜。如果先讓孩子預期到每次做什麼事就有什麼結果，會讓孩子失去內在動機，以後容易做事過於講條件。

獎勵孩子的努力與認真態度，會讓孩子更加認真和投入，但是定期獎勵會導致孩子對獎勵形成預期，而不定期獎勵常會帶給孩子驚喜，而且這是額外的，可以讓孩子的積極行為持續時間更長，並且不會為了獎勵而努力。

（五）避免獎勵錯誤的策略

「會哭的孩子有奶吃。」在幼稚園中，往往是愛哭鬧的孩子會得到老師更多的關愛；同樣，在家裡當家長因為疲憊或是心煩失去心時，就塞給正在哭鬧的孩子幾顆糖果，或者滿足孩子的無理要求，以換來片刻的安靜，這叫做獎勵錯誤。獎勵錯誤表現為獎勵孩子的不良行為或是父母不希望發生的行為。

典型案例

晚上睡覺時間到了，媽媽提醒 4 歲的寶寶早點上床，可是寶寶還沒玩夠，就開始大發脾氣，拖延時間。媽媽最受不了寶寶這樣了，於是就說：「如果你能安靜下來，就讓你再玩半小時。」

本案例中，在媽媽讓步的時候，她就是在無意中獎勵和強化孩子愛發脾氣的做法。儘管很多時候，父母獎勵的做法是無意的，但是這種無意中的獎勵，將有可能致使孩子形成一個比較嚴重的問題，就是任性。

孩子一哭鬧和發脾氣，往往會讓父母感到煩躁、生氣或者歉疚，為了讓孩子停止哭泣、發脾氣，一些父母會妥協讓步，答應孩子的要求。久而久之，孩子就學會任性，養成透過製造父母情緒上的痛苦和煩躁來讓他們讓步的不良習慣。

三、科學實施懲罰的教育策略

（一）懲罰的依據標準

沒有規矩，不成方圓，懲罰要依據一定的標準。我們經常可以看到一些家長因情緒不佳而懲罰孩子或教師因學生不合自己的喜好而隨意懲罰學生，懲罰變得毫無標準，孩子常常不服氣甚至產生怨恨心理。許多情況下，家長和教師的意願和情感傾向，並不等於正義。許多家長都把自己當作正義的化身，自覺或不自覺地將自己的不高興或憤怒作為使用懲罰的理由。這種懲罰不僅違背了懲罰使用的正義性原則，通常也不可能取得好的教育效果。

典型案例

一些學者根據心理學家皮亞傑的理論做了深入研究後指出：不當懲罰的最大問題是孩子自主意識特別是自我管理能力的喪失。由此可能帶來的後果是「計算風險」（孩子們會花時間盤算他們是否會矇混過關）、「盲從」（不能做出負責任的自我決定）、「逆反」（把對抗作為判斷和行動的唯一標準，即你不讓我做我偏去做）。

過錯行為是實施懲罰的第一依據，而判別是否是過錯行為，只能是清晰而合理的標準。不依據標準的懲罰很容易被理解為來自家長的喜怒哀樂和強權。所以，任何家長在實施懲罰前，都必須制定清晰而合理的標準，這樣可以使獎勵和懲罰都變得可預見，從而為合理運用獎勵和懲罰打下良好的心理基礎。因此，問題的關鍵不在於是否使用懲罰，而在於如何制定標準。

如果規則是孩子自己或與家長用民主協商的方式共同制定的，這時的規則就已經不代表家長的強權，而是孩子自治的有機組成部分。如果孩子違背的是他自己制定的或他同意制定的規定，那麼他就缺失了產生對抗情緒的心理基礎。

比如孩子在家學習，家長如果不顧孩子的感受，要求孩子按照家長自己的意志安排學習，通常會遭到孩子的反抗和抵制。相反，家長如果和孩子商

量，怎樣安排自己的作息時間，處理作業、玩耍、看電視、睡覺等，共同討論出一個方案，這樣往往會產生比較好的效果。

家長需要用孩子容易理解和可接受的方式共同討論制定標準的理由和價值，並共同制定標準，共同監督標準的實施。懲罰的前提是違反了這一標準，相互監督是比較有效的。

（二）懲罰的有效策略

1. 及時性策略

懲罰的及時性策略是指對兒童的違禁行為及時實施懲罰。行為不端的兒童應該立即受到懲罰，使之明白他們所做的是錯誤的。

現代教育理論認為，懲罰的效果部分是來自條件反射，而條件反射在有條件刺激和無條件刺激的間隔時間越短則效果越好。所以家長一旦發現孩子的行為有錯，只要情況許可就應立即予以相應的懲罰。如果當時的情境（如有客人在場或正在公共場所）不允許立即做出反應，事後則應及時地創造條件儘可能使孩子回到與原來相似的情境中去，家長和孩子一起回顧和總結當時的言行，使他意識到當時的錯誤行為，並明確要求他改正甚至情景重現式地重新扮演。

如果懲罰同兒童的錯誤行為同時進行，則兒童的這種違禁行為一開始就與焦慮、恐懼相聯繫。如果在兒童的錯誤行為發生後進行懲罰，則效果會明顯降低。儘管行為的結果是因受到懲罰而體驗到痛苦，但如果過程是吸引人的，則這種行為下次繼續發生的可能性仍然較大。

如果在兒童的錯誤行為發生後幾小時甚至更長的時間再實行懲罰，則效果就更差，因為這時兒童很難在自己的行為和懲罰之間建立條件反射，那種「等你爸（媽）回來再跟你算帳」的威脅，充其量只不過是大人解解氣而已，對兒童錯誤行為的制止也沒多大作用。

對孩子的錯誤言行，請給出及時的回應，讓孩子知其然、知其所以然，快速形成正確的條件反射。

2. 適度性策略

懲罰的適度性策略指懲罰要適可而止，懲罰的強度在能達到教育效果的基礎上，請使用強度最輕的懲罰。就像一個人生病了，能喝水就不吃藥，能吃藥就不打針，能打針就不打點滴。如果懲罰非用不可，一定要記住使用強度最輕的那種懲罰。

對於孩子的一些不良行為，懲罰後只要達到制止其繼續發生即可，達到教育的目的就行。懲罰過度了，會傷害孩子。過於嚴厲或過分的懲罰將具有很大的負效應，比如打孩子嘴巴的行為，會給孩子的人格帶來終生的傷害。

懲罰過度會造就兩種極端性格：一是孩子的叛逆心理越來越強，對家長和老師的管教「死扛死頂」，使矛盾不斷激化；二是形成自卑情結。如果孩子本身比較柔弱，家長和老師的批評會讓他覺得自己不是好孩子，「破罐子破摔」下去。這樣的孩子上學後，往往會成為「問題兒童」。

超出孩子認為該有的懲罰就會造成嚴重的逆反，從而「破罐子破摔」，請不要把孩子當成破罐子對待。

3. 一致性策略

懲罰的一致性策略是指成人對於兒童的同一種行為應該持連貫的和一致的態度，原來進行懲戒，現在就不應該視若無睹；父親要管，母親就不應該阻攔。如果在對孩子實施懲罰之後，父母中的一方認為孩子受了委屈，隨即又用錢物或食品來安慰他，這將會使懲罰失去作用。

(1) 學校教育中的前後不一致

典型案例

某學校為了加強學校管理並解決周邊不利環境（閒雜人員進校園）給學校帶來的不穩定因素，決定學校學生在校期間統一佩戴名牌，並憑名牌進出校園。為了使這一制度能貫徹執行，學校特就此問題召開行政例會討論。在會上很多人提出，要使學生養成在校佩戴名牌的習慣，就必須加強檢查的力度。

只要在初期進行一場「運動」——天天檢查，不佩戴名牌要挨訓、不佩戴名牌不許進校門。這樣學生就會慢慢習慣佩戴名牌，從而養成自覺習慣。最後形成決議：由行政值班和保安負責檢查名牌佩戴情況，不戴名牌者不得進校門或由班導師領進校門。

第一個星期學生幾乎都能佩戴名牌進出校園；第一個月情況也不錯；第三個月時出現一些學生不戴名牌的現象；到了第二學期開始，很多學生不戴名牌。慢慢地，學生的名牌成了一個可有可無的東西，還有不少學生的名牌遺失了，最後此項規定成了明日黃花，無人再提。

此案例中，剛開始對不戴名牌的學生進行懲罰，但後來就沒有了懲罰。於是，慢慢地學生的名牌成了一個可有可無的東西。這就是懲罰前後不一致所導致。

(2) 家庭教育中的觀念不一致

典型案例

一位家長曾說，爺爺、奶奶寵孩子，使他無法對孩子施教。爸爸剛一管他，他就說：「別跟我那麼兇，我要跟爺爺說，看有沒有人管你！」有時孩子犯錯誤，家長一管，奶奶就護著，說：「你要打孩子，先把我打死算了！」弄得孩子的父母無所適從。

孩子偷了人家一張電影光碟，爸爸發現後狠狠地罵了他，孩子開始認錯，掉下了眼淚。正在這時，奶奶來了，看見自己的小孫子正在掉眼淚，覺得孩子受了天大的委屈，一把把孩子摟過來，又是親，又是愛的，還把兒子罵了一頓，剛才爸爸的批評全部作廢。

在家庭教育中，有很多懲罰不一致的現象。一家三口逛商店，孩子看到喜歡的玩具就想買，媽媽說：「不行，你的玩具夠多了。」爸爸卻說：「她喜歡就給她買吧。」媽媽急了，對女兒的管教總是受到先生的阻止。父母之間、父母與祖父母之間由於經歷不同、價值觀不同、知識水平不同，對孩子成長規律的理解也各不相同，因而，在許多家庭，都存在因孩子的教育問題產生分歧，甚至導致家庭的矛盾衝突。

(3) 教育懲罰不一致的後果

①影響力相互抵消。若父母意見相左，誰也說服不了誰，其結果必然是彼此削弱對孩子的影響力。

②父母威信降低。不僅會使孩子對父母感到失望，還會破壞父母在孩子心目中的形象，降低父母的威信。

③孩子無所適從。父母意見不一，行為各異甚至存在嚴重的分歧和激烈的衝突，這勢必會使孩子無所適從。

④造就「兩面派」的孩子。孩子具有本能的自我保護心理，他會進行選擇，去尋找自認為對自己有利的一方，誰對自己有利就聽誰的。情況嚴重的就會造成孩子的「雙重人格」，使孩子在爸爸面前是一個樣，在媽媽面前又是另一個樣。

教育者對於孩子行為的管束應該前後一致，並且與其他教育者討論好，再施以一致的教育，否則孩子會無所適從。懲罰──獎勵──懲罰的惡性循環會使孩子產生認知偏差，錯誤地將犯錯和受獎聯繫起來，從而使懲罰歸於失敗。所以，如果父母或教師一旦做出決定，使用懲罰去終止一種不期望反應，他們應當行為一致。

4. 懲罰的教育性策略

科學的懲罰要以人性關懷為根本的出發點。懲罰本身只是一種教育手段，而不是最終目的，懲罰真正的目的是糾正、減少孩子的不良行為，為了更好地教育孩子。懲罰中應有情有理，以情動人，以理服人。在對兒童實施懲罰時，一般應講清道理，告訴孩子他錯在哪兒，為什麼要對他進行懲罰，讓他受罰之後能心服口服。

之後家長還要給孩子講清楚他應該怎麼做，達到什麼樣的標準，否則有什麼樣的後果。如孩子有亂丟東西、不整理的習慣，家長在懲罰時就應該讓他收拾好自己的東西，整理好玩具，使其明白為什麼要做好，否則又要受罰。

典型案例

有一個12歲的少年，在院子裡踢足球，把鄰居家的玻璃踢碎了。鄰居說，我這塊玻璃是好玻璃，12.5美元買的，你賠。這是1920年，12.5美元可以買125隻雞。這個孩子沒有辦法，回家找爸爸。

爸爸問：「玻璃是你踢碎的嗎？」孩子說是。爸爸說：「那你就賠吧，你踢碎的你就賠，沒有錢，我借給你，一年後還。」在接下來的一年裡，這個孩子擦皮鞋、送報紙，打工賺錢，賺回12.5美元還給父親。這個孩子長大後成了美國總統，就是雷根。

雷根的父親正是利用「懲罰」本身的激勵作用，讓他懂得了什麼是責任，那就是為自己的過失負責。這則故事告訴我們，懲罰本身是一種愛的方式。

5. 避免懲罰誤用的策略

(1) 懲罰遞增

通常情況下，父母會原諒孩子在某些方面所犯的第一次錯誤，但第二次再犯時就會懲罰，第三次又犯時會加重懲罰，即懲罰遞增。一般說來，年齡小的兒童出現違反規範的行為，常常是由於不瞭解規範本身的性質，或出自對某一行為的好奇心而分散了注意力，或是因為疲勞而不能堅持。

年齡大的兒童，原因就要複雜一些，明知故犯的情況也存在，但有意搗亂、違反規範是個別的，更多的是出自個體的差異，如不理解或未正確理解行為規範的標準、對於規範的正確理解尚未轉化為指導行為的自覺原則、對父母或老師存在對立情緒、沒有養成遵守規範所必需的習慣等等。

心理學研究發現，通常對每個連續的錯誤行為實施比上一次更嚴厲的懲罰的話，效果並不會比實施維持恆定水平的懲罰好。不斷加強的懲罰力度會致使兒童產生牴觸、反抗情緒，結果只會適得其反。也許我們應該思考的是，加大了懲罰力度之後都仍然無效，那麼應該換一個方法了。

(2) 懲罰過度

一般認為，較輕的懲罰不如較強的懲罰有效，但是某些過重的懲罰卻往往會帶來一些不良後果。根據班杜拉的觀察學習理論，成人對兒童的獎懲，無疑會成為兒童的示範榜樣，對一個兒童的懲罰將會以替代學習的方式而影響到所有能觀察到這一行為的人。實驗表明，如果懲罰過於嚴厲，個體要麼力圖逃避情境，要麼一再重複同樣的反應而不顧反應的結果如何。

過於嚴厲的懲罰或批評常會引起學生對學校與老師的強烈恐懼與厭惡情緒，而不是抑制或消除受懲罰的行為。因此，懲罰的強度是一個很有必要探究但又難以把握的事情。根據費斯廷格的認知不協調理論，懲罰的強度達到剛能喚起所需要的行為和阻止不需要的行為而又會消除不協調時是最理想的。當學生在課堂上不守紀律時，老師停頓一下，用眼睛望著他就可制止學生的違紀行為，而不需要再去訓斥一通，這體現了懲罰的藝術。

(3) 懲罰情緒化

日常生活中家長總會遇到不順心的事情，父母在心情不好時很難把握好自己的感情，容易將自己惡劣的情緒轉嫁到孩子身上，這就是心理學中所謂的踢貓效應，其後果往往不堪設想。

典型案例

某公司董事長為了重整公司一切事務，許諾自己將早到晚回。事出突然，有一次，他看報看得太入迷以至於忘了時間，為了不遲到，他在公路上超速駕駛，結果被警察開了罰單，最後還是誤了時間。這位老董憤怒至極，回到辦公室時，為了轉移別人的注意，他將銷售經理叫到辦公室訓斥一番。

銷售經理挨訓之後，氣急敗壞地走出老董辦公室，將祕書叫到自己的辦公室並對他挑剔一番。祕書無緣無故被人挑剔，自然是一肚子氣，就故意找接線員的碴。接線員無可奈何垂頭喪氣地回到家，對著自己的兒子大發雷霆。兒子莫名其妙地被父親痛斥之後，也很惱火，便將自己家裡的貓狠狠地踢了一腳。

施懲必須心平氣和，公平公正，不可偏袒或過激。一來孩子無過受罰，父母小題大做，會使孩子感到有失公理；二來如果此時父母再因不能自制而

使懲罰無限制地升級，則往往會激化孩子對父母的反抗情緒。因此，建議父母切勿在醉酒之後或自己心情不佳、情緒低落、脾氣暴躁等時候懲罰孩子，以免過激失態，影響自己在孩子心目中的形象和威信。值得提醒的是，在此時更不可以用罰作業、罰勞動的方式懲治孩子，那將導致孩子對作業與勞動產生反感情緒。

四、獎勵和懲罰運用的藝術性

一般情況下，獎勵是針對孩子好的行為的強化，懲罰是對孩子錯誤或不當行為的指責和批評。但有時二者結合使用或反其道而用之會取得意想不到的效果。

（一）比懲罰更深刻的獎勵

無論獎勵或者懲罰，其目的都是為了激發正確的行為。有時候對看似應該給予懲罰的行為，從另一個角度看卻是可以給予獎勵的。而正是這樣的出其不意的獎勵，反倒讓施事者的行為得以矯正。

典型案例

有一個男生用泥塊砸自己班上的男生，被校長陶行知發現制止後，命令他放學時到校長室去。

放學後，陶行知來到辦公室，男生早已等著挨訓了。可是陶行知卻笑著拿出一顆糖果送給他，說：「這是獎勵你的，因為你按時來到這裡，而我卻遲到了。」男生驚疑地接過糖果。

隨後，陶行知又掏出第二顆糖果放到他的手裡，說：「這是獎勵你的，因為我不讓你打人時，你立即住手了，這說明你很尊重我，我應該獎勵你。」男生更驚疑了。

這時，陶行知又掏出第三顆糖果塞到男生手裡，說：「我調查過了，你用泥塊砸那些男生，是因為他們欺負女生；你砸他們說明你很正直善良，且

有跟壞人爭鬥的勇氣，應該獎勵你呀！」男生感動極了，他流著眼淚後悔地喊道：「陶校長，我錯了，我砸的不是壞人，而是同學……」

陶行知滿意地笑了，他隨即掏出第四顆糖遞過來，說：「為你能正確地認識自己的錯誤，我再給你一顆糖果，我沒有多的糖果了，我們的談話也可以結束了。」

陶行知先生的四顆糖表達了他對孩子的關愛、寬容、信任與激勵，使孩子的擔心、焦慮、疑惑被解除，代之以感動與被激勵的力量，這是一種多麼高明的「懲罰」。

（二）被獎勵所懲罰

家長應避免過度的獎賞，尤其是不要用太多的物質獎勵。心理學家認為，孩子出於自身想做的願望和在做的過程中感受的樂趣，而有了某種好行為，此時如果再附加外在的物質刺激，反而會影響其內在的動機。

克羅蒂亞繆勒和卡洛德韋克的研究發現，表揚方式也有正確和錯誤之分。那些成功後常常受到個人表揚的兒童，如「你真聰明」之類，他們面對新任務時更注重成績目標，而非學到了什麼，像是在顯示他們有多聰明；而一旦失敗就會摧毀這類成績目標，導致兒童的放棄和無助。

典型案例

一群孩子在一位老人家門前嬉鬧，叫聲連天。幾天過去，老人難以忍受。於是，他出來給了每個孩子 25 美分，對他們說：「你們讓這兒變得很熱鬧，我覺得自己年輕了不少，這點錢表示謝意。」孩子們很高興，第二天仍然來了，一如既往地嬉鬧。老人再出來，給了每個孩子 15 美分。

他解釋說，自己沒有收入，只能少給一些。15 美分也還可以吧，孩子仍然興高采烈地走了。第三天，老人只給了每個孩子 5 美分。孩子們勃然大怒：「一天才 5 美分，知不知道我們多辛苦！」他們向老人發誓，他們再也不會為他玩了！

在這個案例中，老人的算計很簡單，他將孩子們的內部動機「為自己快樂而玩」變成了外部動機「為得到美分而玩」，而他操縱著美分這個外部因素，所以也操縱了孩子們的行為。

（三）被懲罰所獎勵

懲罰手段真的能造成「罰」的效果嗎？有些懲罰表面上看好像是對不良行為的一種否定，實際上卻造成了強化和獎勵的作用。

某個特定事物的存在是強化還是懲罰，要看它的存在使某一反應增加還是降低，例如家長可能會認為糖果對兒童是強化物，但是某些孩子不喜歡糖果。即使糖果最初是對某些兒童的獎勵，如果他們吃多了，糖果也可能就變成了中性甚至是懲罰。

家長也可能認為讓兒童單獨玩耍，而不是在同伴群體中玩耍是一種懲罰，但是某些兒童卻更喜歡單獨玩耍。正如一個學生上課遲到了，教師為了懲罰學生，讓學生到教室外反省。

但這個學生本身並不喜歡學習，於是就名正言順地再也不來上課了。如果被罰的學生是喜歡學習的，那麼教師的確達到了懲罰的目的，因為學習是其行為的強化物，當學習被取消時，就能造成負懲罰的作用，遲到的行為就會獲得有效控制。

但是如果學生本來就厭惡學習，正設法逃避上課的話，那麼上述懲罰就成了獎勵，甚至可能會進一步強化該學生的遲到行為，因為他可以名正言順地逃避學習。

典型案例

斯卡斯代爾讀中學時每天早上騎自行車上學，他很喜歡飆車。一天清早，街道上的行人稀少，於是他開始把車速加快，突然，一個警察出現了，指出他違反了交通規則，要對他進行罰款。因為測速儀顯示他的自行車速度已經超過了本來是汽車的限定速度。

他告訴警察，自己是哥本哈根一所學校的學生，因為怕遲到，所以騎得快了點，懇請警察寬恕他一次。警察笑著說：「你可以先去上學，把學校地址告訴我，以後我再與你聯繫。」

不久，斯卡斯代爾意外地收到一封來自哥本哈根最著名的自行車俱樂部的邀請信，歡迎他加入俱樂部，並為他提供一切訓練條件，同時信中還夾著一張警察的測速單。

4年後，斯卡斯代爾成為丹麥的全國自行車賽冠軍，並在奧運會上拿到了自行車賽冠軍，這是丹麥自行車運動項目上的第一塊金牌。

此案例中的罰單不僅僅是懲罰，更是一種以人為本的引導和鼓勵。在懲罰學生時又幫助學生挖掘了自身的潛力和優點，把懲罰作為幫助學生提高自身能力、促進學生健康發展的有效手段。

（四）避免獎懲效用的侷限

按照行為主義心理學家的觀點，獎勵和懲罰在調控人的行為方面的功能都是有限的。這是因為：首先，行為來自訓練、嘗試等各種習得方式。獎勵和懲罰是一種對業已形成行為的選擇方式。獎勵有助於強化人正確的行為，但不能有效地遏制業已形成的錯誤行為；反之，懲罰能有效地遏制業已形成的錯誤行為，但不能強化人正確的行為。正是從這個角度上看，沒有獎勵的教育和沒有懲罰的教育，都不是完整的教育。

獎勵與懲罰固有其積極作用，但在使用時須防止過度使用的傾向，否則會出現兒童對獎賞的依賴和懲罰適應現象。心理學研究發現，表揚的使用如果過分或頻繁，其激勵作用會明顯下降，甚至出現弊端。過度地濫用表揚會使孩子形成對表揚的依賴，造成諸多危害。

如：孩子為表揚所左右、不能形成獨立的個性、降低挫折的容忍力、不能客觀地評價自己等。懲罰只告訴人們不該做什麼，而獎勵卻告訴了人們該怎樣做的更為有用的訊息。研究發現，一個人受到的懲罰越多，他的自我效能感越低，容易出現「破罐子破摔」的現象。

運用獎勵和懲罰的目的，在於增強孩子的好行為，減少孩子的壞行為。但並不是每次獎勵或懲罰都能達到預期的效果。為此，在學校與家庭教育中，倡導獎勵的同時，一定要注意獎勵的藝術；使用懲罰時一定要注意懲罰的策略。但更為重要的是樹立起積極的教育觀，激發孩子的學習興趣與學習動機，發揮主體性，促進孩子的自我發展與內在強化。

第六講 青春煩惱與情緒處理

　　12～15歲是孩子心理發展的一個特殊時期，盧梭稱它為「狂風暴雨」的危險期。這個時期的孩子剛剛從童年步入少年旅途，又逢青春發育期，青春意識萌發、獨立意識增強、幼稚與成熟並存，所以最容易出現各種問題而徒增煩惱。著名的心理諮詢專家李子勳說：「青春期是邊界地帶，在這個邊界地帶，孩子有一半是內在的，有一半是外在的，兩方面一直混雜在一塊兒，這就是他的雙向性的來源。」

　　孩子正處於青春期的時候，有的父母也恰好步入更年期，這兩個時期都是身體發生重大變化的時期，也是情緒容易發生劇烈變化的時期，親子之間可能因身體變化或其他事情引起情緒的劇烈變化而發生矛盾衝突，所以這個階段可以說是一個分水嶺，處理好了，孩子和父母都將安然無恙。

一、青春期的煩惱與應對

（一）青春期的煩惱

　　1. 生理上的身心發展時差錯位帶來的煩惱

　　隨著青春期的到來，孩子的身心發生急劇變化：

　　①身體外形的變化，出現了第二性徵，使他們產生了成人感。

　　②心理上也希望能盡快進入成人世界，希望盡快擺脫童年的一切，尋找到一種全新的行為準則，扮演一個全新的社會角色，獲得一種全新的社會評價。

　　而在這種新的追求中產生了諸多的煩惱，比如他們有強烈的自我意識，企圖或要求擺脫大人的管束、自行其是，獨立地做出判斷，但由於生理限制、知識不足和缺乏社會經驗，就可能產生自我意識的片面性和幼稚性。

如喜歡爭論、看法偏激、論據不足、缺乏虛心請教精神，過分自尊自信，行動上帶有盲目性，常易和周圍的人發生衝突。他們渴望友誼，又不會擇友，常被兄弟義氣所左右，人們形容他們是「十字路口的勇士」。

這種種的心理矛盾容易引起他們內心的煩惱與不安。因此，青春期容易產生心理不平衡和身心功能障礙，主要表現為對自己身體機能的異常關注以及對某些疾患的過分誇大，即精力完全內投，對自己生理的急劇變化不滿意而極度焦慮，從而主觀構想疾病或症狀。

一個人身心發展不平衡有兩個時期，一個是青春期，另一個是更年期，如果青春期遇到更年期，則可能發生比較嚴重的衝突。父母如果希望孩子理解自己更年期的煩惱和不可控制的情緒變化，請先給出對青春期孩子的理解、包容、接納與愛。

2. 性心理問題帶來的煩惱

青少年一旦進入青春期就會自然地產生性意識，如果沒有合理的教育和引導進而會發生性煩惱、性困惑、性價值觀混亂、性保健意識薄弱、性罪錯、性偏差等問題。

由於性的成熟、性意識的萌芽，青春期的孩子對異性產生了好奇和興趣，萌發了與性相聯繫的一些新的情緒情感體驗。特別是由於營養的改善、體育鍛鍊和大量社會訊息的刺激，孩子的性心理和生理發育呈現早熟化。對他們進行切實的性生理、性心理和性道德的教育不容迴避、刻不容緩。

比如，男孩子出現遺精和女孩子開始有月經的兩種生理現象，青春期的少男少女往往既無思想準備，又缺乏必要的生理知識。由於他們不懂是怎麼回事，不知該怎麼辦，就會產生緊張、焦慮的情緒。有的孩子感覺到這是與性有關的問題，更羞於啟齒。因為他們幾乎不能從父母、教師那裡得到正確的答案，只能自己設法去瞭解。

典型案例

對某中學 112 名學生所做的性知識調查中,對「你的性知識從哪裡得來的」問題所做的回答是:29% 從非科學書刊上看來的,57% 聽朋友講的,6% 聽父母、老師說的,8% 來自其他方面。在非科學書刊上看來的和朋友講的兩個來源中,絕大部分知識是不正確的。

青春期男孩子遺精本屬於正常的生理現象,並沒有什麼害處,但他們從傳聞或小說中得到的「知識」卻往往是「精液是身體的精華」「一滴精,十滴血」等。孩子擔心健康受影響,怕自己遺精,但又不能完全杜絕,這時就會出現焦慮和恐懼心理,不但妨礙學習,而且影響健康。有的可能產生自卑感或造成其他心理障礙。

再比如手淫,本來並不是什麼問題,不會有什麼惡果,也不會有後遺症。但是,有的孩子卻為此形成了嚴重的自責心理,精神負擔長期得不到解除。

越是神祕的東西越具有吸引力,越是敞開的東西越不會被看得有什麼了不起,就像羅密歐與朱麗葉效應一樣,對青春期孩子進行性教育是一件很正常和平常的事情,越是如此,越可能讓其少犯錯誤和走彎路。

3. 青春期的閉鎖心理帶來的煩惱

閉鎖心理是青春期的一個普遍存在而又特殊的標誌。青春期的孩子會形成自己獨特的性格脾氣和意志行為方式,常按照自己的觀點、意志、生活方式安排學習、生活和處理人際關係,對自己的意志行為表現出一定的倔強性和自控自制能力。他們常表現出一種閉鎖心理,常常要求有一個屬於自己的獨立空間,不允許別人碰自己的東西,尤其是日記、信件等,否則會引起情緒反感和焦慮,和家長產生一定的矛盾。

但他們辨別是非的能力不強,容易產生不良行為,他們的意志欠堅定,經不起挫折和失敗,他們的社會適應能力比較薄弱,模仿心理很強,易接受社會正反兩方面的影響。因此,這一時期個性尚未定型,具有較大的心理可塑性。

尊重孩子獨立人格的養成過程，探討但不將父母的見解強加於孩子。如果允許孩子有的部分聽自己的，有的部分也採納父母的意見，也許他們會學會尊重、接納、辯證、反思等品質。

4. 情緒情感激盪、表露而又內隱帶來的煩惱

青春發育期的生理劇變，必然引起國中生情感上的激盪。這種動盪的情緒有時表露有時內隱，具有明顯的兩極性，好走極端。這也使他們的情感活動常表現出不穩定、欠成熟、易衝動、失平衡的特點。

他們常常因為一點小事而激動起來，或振奮、充滿激情，或動怒、慪氣，甚至跟人爭吵打架，常常是暴風驟雨式的；他們有話、有祕密想與別人傾吐，可無論碰到父母或老師都寡默不言。這種情況如果得不到理解，便會出現壓抑心理，出現焦慮和憂鬱。

青春期孩子的情緒不是他們故意的，也不是他們自覺和自控的，有時候他們自己都不知道是怎麼回事，然後就可能情緒失控或者態度不好。如果父母能夠理解和接納，包容這個時候的孩子，孩子就會學會處理情緒；如果父母與孩子針鋒相對，必然兩敗俱傷。我們要求孩子態度好、心態好、情緒好，父母首先應該做好帶頭示範。

（二）青春期的煩惱應對策略

孩子進入青春期時，性格也變得外向起來，很容易受到事物的渲染，也很容易冒失。他們獨立處理問題的時候越來越多，遇到的事情越來越複雜。初出茅廬的他們，面對未知的世界，充滿好奇、疑問和恐懼，他們真的希望自己身邊有保鏢、有「哆啦A夢」，當然，口袋裡再有很多錢就更好了。而這一切都沒有，遇到問題的時候怎麼辦？孩子們需要成人的幫助。

1. 青春期前後變化多

進入青春期前後，孩子們像進入一個全新的世界，接觸新的面孔、新的習慣、新的學習方式，他們對朋友的交往需求是我們看得到的變化。還有一個看不見的變化，就是進入青春期的孩子思想和情感的轉移。青春期之前，

孩子心裡依賴的是家長；進入青春期初期，開始轉移到朋友身上；到青春期後期，轉移到異性朋友身上；最後，固定在異性身上，成家立業，生兒育女，進入一個新的循環。這是人類成長的必經之路，是我們無法抗拒的力量。

2. 個性獨立認同多

合理的物質需求是生活永恆的主題。孩子進入青春期以後，表面上還是在服裝、零食、玩具及文具等方面有所需求，但實質的需求卻在悄然變化。剛剛進入青春期，追求個性化的孩子較少，更多是要求自己從眾。從眾讓自己有安全感，融入同學的圈子裡，不顯山不露水。

隨著年齡的增長，熟悉了周圍的環境，瞭解了同學、朋友的個性，孩子們開始彰顯個性，暗暗地在群體裡比高低。這種比較有積極的意義，孩子獲得了經驗，給自己在群體中定了位。

對自己認知的需求隨著身體和心理逐步走向成熟，孩子們逐步意識到自己是一個有獨立意識的人，身體的變化也讓他們更加渴望全面瞭解自己，瞭解自己的能力。孩子們身體的變化，會讓男孩意識到自己是一個男子漢，既然是一個男子漢就要有男子漢的作風。

原來可能還跟男孩打打鬧鬧的女孩，會意識到女孩子不應該再瘋瘋癲癲，應該有淑女風範。可以說，在一定程度上孩子們是透過身體的變化來進行性別定位的。再後來，他們對人體的結構產生了進一步瞭解的需求。

3. 社群網站點讚多

青春期的孩子可以利用傳統的信件、日記，現代化的電子郵件、通訊軟體、社群網站等方式發洩心中的苦悶、煩惱。如果是腼腆且性格內向、對他人不信任以及在交往中曾經受挫的孩子，父母不僅要向他們講明：總是把苦悶、煩惱以及憂愁藏在心裡，就會像垃圾積多了一樣，不僅會負擔加重影響學習，而且會霉變發臭影響情緒和生理的健康。

怎麼辦呢？這個時候就需要父母引導和鼓勵孩子把自己的苦悶、煩惱和憂愁訴說、袒露出來，讓孩子將父母看作有情有義的好朋友盡情傾訴。這種

方法不僅可以盡數釋放出心中的不快，而且也不必擔心自己的隱私被洩露，進而達到情緒的調節或心理上的平衡，使苦悶、煩惱以及憂愁得到解脫。

4. 青春無敵理解多

孩子進入青春期，他們開始悄悄地關注異性的外表。比如女生會關注帥氣高大的男孩，她們會聚在一起對他們評頭論足，有一些新鮮和刺激的感覺。男孩子也會注意女孩子，偶爾也會在一起用調侃的方式談論某些女生，即使有一種淡淡的喜歡，他們也知道自己在想入非非。男孩和女孩，都會很拘謹，這只是孩子們走出家庭的圈子、步入社會認識異性的最初的學習階段。

而隨著時間的推移，孩子們越來越明白自己喜歡什麼樣的異性，希望去接近對方。最開始的形式可以是打打鬧鬧，簡單的問答，還可以是以班級活動為主題的工作式交流，很多孩子可以透過這樣簡單的交流，達到對異性的瞭解。但很多孩子知道這不是什麼愛情，只是同學交往，他們認為自己憧憬的美好愛情沒有來臨，所以，更多人選擇了等待，等待自己長大。

5. 出汗流淚宣洩多

運用體育活動、娛樂遊戲等活動，隨著身體生理機能的提高，心理開放的時機，鼓勵和引導關係密切的孩子有意識地與苦悶、煩惱的同學接觸，使之將心中的不快道出。這種方法不僅會使同學之間的情感關係增強，而且可以透過感情交流使孩子除去煩惱，還讓孩子在活動中學會聆聽，學會交談，掌握心理疏導的方式方法，不但能自助，而且能助人。

比如春遊、踏青活動，父母要鼓勵孩子高歌、呼喊，引導孩子將苦悶、煩惱以及憂愁隨著歌聲或呼喊聲發送到空中遙遠的地方，從而達到情緒宣洩的目的。也可以製作器械或運用籃球、排球、足球、沙袋，讓孩子進行心理宣洩。宣洩是一種將內心壓力排洩出去，以促使身心免受打擊和破壞的方法。透過宣洩內心的鬱悶、憤怒與痛苦，可以減輕或消除心理壓力，避免引起精神崩潰，恢復心理平衡。

處理青春煩惱的過程，是孩子們自我實現的需要，也就是孩子感受成功，並肯定自己、體會成長的需要。一個人走向成才、成熟、成功的過程，是不

斷認識自我和超越自我的過程。自我實現是孩子們心靈的需要，是對生活充滿自信的心理支撐。孩子一直以來都在尋找自我，想把自己看清楚。他們做了很多努力來證實自己，如去打籃球，異想天開地要當科學家，並嘗試能不能做到。

他們得到的真實的表揚、值得的肯定、真心的接納、確實的理解和無私的愛，都是自我實現的憑證。他們也接受批評，很多時候嘴上很硬，但行為在變化。孩子有時隱約地、有時極其真實地體會到自己很棒，能力在增長，思維更有邏輯性……他們驚喜地發現，越是經歷事情，自己越堅定，面對問題越有勇氣。承擔責任時，沉重感沒有讓他們趴下，反而覺得自己是勇敢的。孩子們感受自己的力量、存在的價值，這是他們自我實現的另一個渠道。

二、青春期的情緒與調節

進入青春期，情緒和情感分化的水平明顯提高，學生的情緒體驗會明顯豐富和細緻起來。與自我相關的各種情緒和情感，比如自卑、自豪、自愛、自重、自尊、自立等都迅速發展起來。他們能體驗到許多深刻而細膩的情感和情緒變化；能夠領會故事中人物的情感發展過程，領會當事人的心境和感受；對自己生活中的重要人物，比如與要好的朋友、父母、老師的情感更加深厚，學會體諒對方、體察對方的感受和心情。因此，很多國中生一方面容易對父母和老師的良苦用心產生衝突；另一方面又能感知父母和老師的辛苦和對他們的關愛與期望，所以往往在衝突之後的一段時間內他們會後悔、自責。

（一）青春期的情緒特點

青少年這一時期身體迅速成長，性腺機能也開始發生作用，從而引起了生理上和心理上的一些變化，比如第二性徵的顯露和性感的產生。在神經系統的發展上，特別是大腦皮層發生了很大的變化，少年期腦的重量已達到成人腦重的水平，大腦皮層分析綜合的機能也有顯著的發展。這一時期，青少年的心理也發生許多變化，其中突出地表現為自我意識進一步發展，所以說

這一時期是身心發展半幼稚半成熟的過渡時期，他們的情緒、情感主要有以下一些特點。

1. 隱蔽性和表演性共存

本階段學生的情緒表達已經能夠顧及自己的形象和當時的情景，有意識地掩飾、修整和控制自己的情緒表達方式和程度。與此同時，為了掩飾與理想形象不一致的真實情緒，他們常常會要求自己按照理想自我認為的最應該表達的情緒來表現給別人看。然後這種緊張而認真的情緒表演常常會因為經驗不足、過分強調而變得不自然。所以，我們常常發現他們的行為舉止有時顯得過於興奮，有時又顯得過於淡漠，好像很難做到恰如其分。

2. 半外露、半隱蔽性

一個人在兒童期情緒往往具有明顯的外露特徵，喜形於色，內心的體驗和外部表情動作較為一致。而少年期，表達情緒的方法越來越多，自我控制和自我調節能力也有所提高，外部表情動作逐減，但力量更強；內心的體驗有所加深和延緩，出現心境的體驗，情緒外露性減少，隱蔽性增加。但由於調節、控制能力所限，他們的情緒仍易激動、外露。

3. 高度的興奮性、激動性，緊張性及衝動性

其一，高度的興奮性、激動性，這是指盼望的目標達到和需要得到滿足之後，繼之而來的緊張性解除時的情緒體驗。青少年一旦處於這種激情狀態中，會竭盡全力地表達內心感受，充分釋放自己的心理能量。表現為欣喜若狂、大喊大叫等。

其二，緊張性及衝動性，指由於受到一些事物或對象的再三妨礙和干擾，使個人的願望不能達到或產生與願望相違背的情景時，逐漸積累而發生的情緒體驗。青少年處於這種激情狀態中時，會感覺到自己的情緒越來越高漲，身上就像著火似的，難以控制，表現為暴躁、激憤、狂怒等。其原因有：青少年還不太善於很好地控制和調節自己的情緒，自我監督能力還不高等。

4. 情緒、情感體驗不平衡性

少年期是從兒童向青年期過渡的時期。由於少年期身體迅速長高，力氣增強，精力旺盛，能夠參加一些比較繁重的體力勞動，並具有一定的知識、技能和獨立工作能力，他們感到自己已經長大成人，希望像成人那樣幹出一番事業來，並極力表現出成人的作風和氣魄，同時也要求別人尊重他們的意志和人格。

少年期學生的這種成人感是少年自我意識急劇發展時期的一個特點，是個性發展的轉折點，充滿矛盾和爭鬥。在主觀上他們感到自己是成人，有能力有氣魄，但在客觀上他們的思想和行動還不脫稚氣。如：有時他們會保護小學生、幫助老人，富於同情心；有時又毫無理由地欺侮小孩子、同學。所以說，有了不良情緒我們就應該根據不同的情況和個人的特點靈活地加以調控。

5. 消極心境大量出現

(1) 煩惱

進入青春期以後，各種各樣的新問題紛至沓來，其中最令他們困惑的問題有如下幾個：

一是不知道該怎樣和父母相處，親子關係成為引起國中生煩惱的一件大事；

二是和同學的相處，自我意識的增強要求他們在同伴面前保持一種良好的形象和地位，而同學之間的競爭也會引起煩惱；

三是面對自己的煩惱，不知道自己應該以什麼樣的形象出現在別人的面前，這個說大不大、說小不小的年齡是個缺乏穩定的角色規定的年齡，但偏偏這個年齡的孩子又對自己的公眾形象和別人的評價十分敏感，於是煩惱便會成倍地增長。

(2) 壓抑和孤獨

青春期的孩子有強烈的獨立自主的意識，卻常常因為自己的能力、經驗不足，屢屢面對挫折和失敗的打擊，使他們明顯感受到壓抑的存在。這種壓

抑由於他們心理的閉鎖性無法向父母和老師敞開，從而產生強烈的孤獨感和無助感。許多中學生或多或少地產生擺脫這種討厭的生活，尋找一個自由自在、無拘無束的地方的幼稚幻想，有些學生衝動之下甚至會離家出走。

當然，中學生們也並不都是生活在消極情緒的陰霾下，他們也會有一些積極的情緒，比如憧憬美好的明天，期待真正長大的日子，為同學之間真誠的友誼和幫助而感到愉悅，為自己的成長和進步驕傲等。但是相比小學和高中階段，他們內心體驗到的消極情緒在這個時期比較多。

（二）青春期情緒調控的方法

1. 注意轉移式

當人的情緒激動時，為了使它不至於爆發和難以控制，可以有意識地轉移注意力，把注意力從引起不良情緒反應的刺激情境轉到其他事物或活動上去，這種改變注意焦點的方法即注意轉移法。

例如，做一些平時最感興趣的事，這樣就可以使人從消極的情緒中解脫出來。又如，當苦悶、煩惱時，不要再去想引起苦悶、煩惱的事，而將注意力轉移到有興趣的活動中去，可以去玩遊戲、打球、繪畫、下棋、聽音樂、看電視、閱讀報紙等。

2. 情緒呼出式

合理地發洩消極情緒，也是排除不良情緒的積極方式，這是心理學中提倡的心理防禦機制之一。當一個人在生活或工作中受到挫折或打擊後，由於種種原因，當時無法將受到的委屈或不滿表現出來，只好把這種負性情緒壓抑下去。

但由於人的心理承受力是有限的，不良情緒長期積鬱在心中，人的心理就會出現嚴重的失衡，也很容易導致疾病。為了維持自身的心理平衡，人們就需要去尋找一個恰當的對象，在合適的時間，以健康的方式將個人的消極情緒予以宣洩，使心中積壓的負性情緒得以稀釋，從而擺脫這種負性情緒的干擾，保持心理的平衡。

(1) 在適當的場合哭一場

從科學的觀點看，哭是一種有效的解除緊張、煩惱與痛苦情緒的方法，尤其是對突如其來的打擊所造成的高度緊張、極度痛苦，可以造成緩解作用。科學家認為，人在悲傷時不哭是有害健康的。哭雖然會擾亂人體正常的生理功能，使人心跳、呼吸變得不規律，吃不好，睡不好，但對人又有有益的一面，因為人在不良情緒狀態下產生的眼淚中含有一種「毒素」，排洩出去對身體有好處，所謂「眼淚哭出來的顆顆是珍珠，吞下去的顆顆是毒藥」。

(2) 向人傾訴

「一份快樂，兩個人分享，就變成了兩份快樂；一個痛苦，兩個人承擔，就變成了半個痛苦。」有了不良情緒，可以向父母傾訴，也可以和自己最親近或要好的朋友談心，訴說委屈，以消除心中的不平。

(3) 寫寫日記

美國心理學博士詹姆斯說：「養成寫日記的習慣，會成為我們一個抵抗疾病的軍火庫，因為寫日記可以把危險的壓力發洩掉，進而增強你的免疫力，改善你的健康。」

(4) 發發牢騷

科學研究表明，適當地發發牢騷和抱怨幾聲，能夠有效地保護人們免受憂鬱症、心臟病發作和身心失調的損害。

(5) 聲聲吁嘆

長吁短嘆實際是人們對情緒的一種十分有效的自我調整。長吁短嘆定會使你感到胸寬神定、豁達舒暢、精神飽滿、輕鬆愉快。

(6) 陣陣大吼

常言道：「大吼解千愁。」透過大吼，吐出胸中的穢氣，呼出肺部之濁氣，吸入大量氧氣後，能夠提高機體功能，使身心健康處於最佳水平。

3. 核心理智式

兒童心理發展與家庭教育智慧
第六講 青春煩惱與情緒處理

人是有理智的，在陷入不良情緒，尤其是陷入心理學上那種遇事愛衝動的消極激情，亦稱衝動情緒時，我們不僅要學會正確地排解，更應該調動自己理智這道「閘門」的力量，去控制它，並且盡力使情緒愉悅起來。這種理智控制情緒的方式也有很多種辦法。

(1) 寬容謙讓

俗話說：「忍一時風平浪靜，退一步海闊天空」，「海納百川，有容乃大」。寬容是舒放的滄浪之水，像鹽一般聚結的敵視、嫉妒、不滿和憤恨等統統逐漸融化在水裡。

(2) 自我暗示

當我們感到緊張時，可以透過自我暗示（即自己主動、自覺地透過言語、手勢等間接、含蓄的方式向自己發出一定的訊息，使自己按自己示意的方向去做），不斷反覆地提醒自己：「沉住氣，深呼吸，讓肌肉放鬆。」這樣緊張的情緒就會鬆弛下來。

(3) 提醒激勵

自我激勵可透過多種直接明了的方式，如名言、警句，來激勵、約束自己。自我激勵是一種精神動力，一個人在困難和逆境面前，如果能夠有效地進行自我激勵，就能從不良情緒中振作起來。

(4) 逆向思維

所謂逆向思維即反向思考。當你情緒衝動，一時又難以控制時，應多想一想別人的處境，想一想一時衝動可能釀成的後果，想一想我現在的方式是不是可以達成我想要的結果，反向行動會怎樣？這樣可以把自己的思緒從憤怒的指向中拉回來，使你的激動情緒降下溫來。

(5) 昇華

還可以將痛苦、煩惱、憂愁等其他不良的情緒與頭腦中的一些特點聯繫起來，轉化成積極而有益的行動，即昇華。比如失戀之後把注意力全然地放

在自我提升或者事業目標追求上面,人們就可能暫時放下煩惱,而在其他方面做出成績。

第七講 同伴交往與青春期戀愛輔導

　　隨著社會的發展，人們之間的聯繫更加緊密，與人相處的能力成為生存的一項重要本領，它也是決定人能否成功的一個重要因素。許多年輕人包括一些高級知識分子，往往因難以與人相處而感到孤獨，或因工作關係過於緊張而束縛自身才智的發揮，有些人甚至選擇了死亡。學會交往，首先必須明白人為什麼要交往。

　　心理學家指出：人們總是希望有人與他進行交流，從而擺脫孤獨與寂寞；希望參與具體活動，希望加入某一群體，並為之所接納，從而獲得歸屬感。這樣，快樂時有人與你分享，痛苦時有人為你分擔，迷惘時有人給你指點，困難時有人給你援助，憂傷時有人來安慰你，氣餒時有人來鼓勵你。透過交往，人們能夠尋求心靈的溝通，能夠尋找感情的寄託。

▍一、同伴交往的價值

（一）交往是孩子的基本需要

　　孩子從小就表現出與人交往的需要：當媽媽餵嬰兒吃奶時，用「呵呵」的聲音與嬰兒交往，孩子會用眼睛看著媽媽或以笑作答，這是親子之情的流露和表現；孩子也非常喜歡跟小朋友交往，即使不認識，只要碰在一起，八九個月大的嬰兒便會互相摸抓，以表示親熱；年齡大一點的則因為有共同的興趣、相互能懂的語言，很自然地在一起玩耍，而且當孩子的這種交往需要得到滿足時，往往特別高興。因此，家長應正確認識孩子與人交往的需要，有意識地創設交往的條件，滿足孩子情感上的需要。

（二）交往有利於孩子的智慧發展

　　哈佛大學心理學家加德納提出，人際交往是一種基本智慧，指能夠察覺並區分他人的情緒、意圖、動機和感覺，並運用語言、動作、手勢、表情、眼神等方式與他人交流訊息、溝通情感的能力。2～6歲是人際交往智慧成長的關鍵時期。

這個年紀的孩子，當媽媽生病時，能理解、感受媽媽的難受，並且說一些關心的話語；對遊戲過程中出現的矛盾和糾紛，能夠學會克制獨占、利己的想法，能與他人共同協商等。國際 21 世紀教育委員會也提出，人際交往能力是教育的四個支柱之一，兒童早期的人際交往技能、交往狀況會深深影響其未來的人際關係、自尊，甚至幸福生活。

（三）交往有利於孩子的心理健康

心理學家們普遍認為，人際關係代表著人的心理適應水平，是心理健康的一個重要標誌，而人際交往不良常常是引起心理疾病的主要原因。缺少正常人際交往的孩子，往往會表現出如下適應困難：拘謹膽小、害羞怕生、孤僻退縮、自我中心、不能合作、任性攻擊。而人際交往中的尊重、分享、合作、關心則是預防和治療這類心理問題的「靈丹妙藥」。由此可見，從小培養孩子具有良好的人際交往能力和水平，對促進其心理健康發展，預防各種心理疾病有著積極而重要的意義。

（四）交往是成功的前提

交往能力強，對孩子來說有百利而無一害。善於與他人交往的孩子在學校不僅能夠從容地與同齡人交往，而且能夠從容地與老師等成人交往。而孩子是否善於同別人打交道，在人群中人緣如何，對他以後的學習和人生的發展有很大的影響。因此，父母要從小重視培養孩子與人交往的能力。

一位成功學專家說：所有成功的人之所以成功，是因為他的人際關係非常好。從小培養孩子的人際交往能力，這是值得家長重視的一個帶有普遍性的問題。一個活潑開朗、樂於與人交往的孩子更容易受到同伴的歡迎和成人的喜愛，而且容易適應新環境。

據美國卡內基工業大學對 1 萬人的個案進行分析研究發現：15% 的成功者是由於技術熟練、聰明和工作能力強，85% 的成功者則主要是由於具有良好的交往能力。隨著社會的發展，人際交往的功能顯得越發重要，父母必須重視對孩子交往能力的培養，使孩子更好地適應社會的發展。

（五）交往能促進孩子提高社會適應能力

孩子的交往，不但促進了他們身心的發展，還能培養他們人際交往的能力，促進他們主動參與社會化的過程，以利於他們及早掌握社會化倫理道德規範，發展健全人格和發展個性，為將來從事事業和獨立生活打下良好的基礎。同時他們的交往（尤其是與異性的交往），有助於個人培養端莊的禮儀、優雅的談吐和良好的行為習慣，努力使自己成為一個具備高尚道德情操的人。

二、同伴交往的類型

荀子曰：「人之生也，不能無群。」意思是說，人要透過交往、透過建立和諧的人際關係，才能過好社會生活。研究表明，成年後的人際關係狀況，往往與幼年時的人際交往能力有著密切的聯繫。因此，如何在幼兒時期培養孩子人際交往的能力，是父母們都非常關心的話題。研究發現，幼兒階段的孩子就已表現出交往能力的差異。

①受歡迎兒童：性格開朗，有一定的交往技能，會玩、「點子」多、會解決糾紛；

②攻擊型兒童：性格暴躁，愛打人、罵人，破壞別人的活動；

③忽略型兒童：膽小、怯懦，不能參加小朋友的活動，也不去攻擊別人，但小朋友往往會忽略他們的存在。

後兩種交往類型的孩子就是不善於交往、交往手段不恰當的孩子。因而，首先我們得找到病根，然後對症下藥。

（一）孤獨型

典型案例

舟舟今年6歲，幾乎不注意他人的眼睛，面部表情呆板，對父母不依戀；在幼稚園則少言寡語，沒有明顯的交往興趣，對別人的接近態度冷淡；對玩

具不感興趣，但對不是玩具的東西表現出非同一般的興趣和迷戀，尤其是圓的或可以旋轉的物品，會迷戀很長時間不讓更換。

一般來說，這類孩子的父母對待兒女較為冷淡，被稱為「冰箱型父母」，通常導致孩子情感上遠離父母，甚至採取冷漠的態度對「危險」的外部世界進行逃避。

父母要多花時間與孩子互動，特別是眼睛的交流很重要。父母可以讓孩子觀察父母臉上的變化，比如故意畫一些東西在臉上，或者做一些表情的變化、眼神的變化等，與孩子面對面地做遊戲等，否則這樣的孩子會很自閉。

（二）偏交往型

這類孩子大多不常和外人交往，人際交往經驗較少，平時只喜歡與某些熟悉的人交往，在陌生人面前則顯得膽小和猶豫，而且往往對他人的臉色和言語非常敏感，在人際交往中很容易受傷。

對此可以採取漸進法則，慢慢接觸家人以外的其他人，就像系統脫敏原理一樣，逐漸獲得與熟悉、半熟悉、陌生人之間的交往經驗。

（三）自我中心型

典型案例

小東偏好獨自遊戲，與同伴交往時只考慮自己的需要與興趣，交往技能差。他通常自己的玩具自己玩，即使自己不玩也拿在手裡，唯恐別的小朋友搶了去，根本沒有一點分享的意識。

個別孩子會出現獨占玩具，摔別人的玩具進行報復，甚至動手打人等行為。這類孩子在家裡地位特殊，家長們的驕縱使他們處處以自我為中心，不懂得謙讓、合作與同情。

父母要有意識地教孩子學會分享，不能讓孩子獨享某些特權、食品、玩具等，應對孩子的分享行為給予及時的鼓勵與強化。

（四）善於交往型

善於交往型的孩子，性格會特別的開朗、大方，能夠和任何類型的小朋友打成一片，有很好的溝通能力、交友能力。當他們到了陌生的環境中，能夠主動和大家打招呼，喜歡與小朋友分享自己的好吃的和自己喜歡的玩具，見到長輩有禮貌地打招呼。

發揮這類孩子的領導力與影響力，可以帶動其他孩子一起玩，成為人際交往中的高手，其他孩子要儘量多與這種孩子交往。

（五）被動型

典型案例

丁丁其實很喜歡和別的小朋友一起玩耍，卻從來不敢主動去邀請別人，他常常一個人默默地站在角落裡，眼巴巴地看著其他孩子開心地遊戲，既羨慕又期待，希望哪個熱心的孩子能夠發現他，並主動邀請他參加遊戲。

人際交往是一種綜合能力，僅有交往的願望還不夠，如果缺少交往的技巧和經驗，幼兒容易在交往中受挫。其實大多數孩子內心都渴望與他人交往，希望自己為他人所喜歡，所以學會一定的交往技巧是十分必要的。

家長可以採取角色扮演的方式在家裡先訓練孩子的交往技能，然後再讓孩子參與到比較熱情好客的孩子的玩耍中，最後等孩子有了一定的信心以後才能更好地融入不同類型的孩子中。

（六）能力缺乏型

典型案例

方方和另外3個男孩一起用積木搭宮殿，看得出他非常喜歡這個遊戲，賣力地與大家配合著。但他似乎很難從同伴那兒得到經驗，又沒有主見，所以搭了又垮，搭了又垮。最後，方方變得很急躁粗暴，同伴們也不耐煩起來，將他排除出局。

這類孩子的交往意識較強,行為也很主動,但理解能力較弱,衝動控制力較差,因此交往時常常被排斥或引起衝突。

父母先陪伴孩子玩這種遊戲,在這個過程中父母要很好地保持欣賞、鼓勵與耐心的指導,樹立孩子的信心之後,孩子自然就能融入其他孩子的活動之中。

三、同伴交往的問題

父母們,你們的孩子有沒有這樣的情形呢:在一些公共場合,讓孩子給相熟的人問好,孩子卻躲在媽媽的身後,以怯怯的眼神看著對方,而媽媽只能尷尬地和熟人說:「這孩子太老實。」孩子想和小朋友一起玩,但是因為不認識,不好意思上前主動結識。

當今社會,獨生子女占絕大部分,他們成為「四二一」(即四位老人、父母二人、一個小孩)工程的重點。獨生子女家庭的孩子確實有許多得天獨厚的條件,但我們不難看到,這些寶貝們因為長輩關愛得太多,交往能力反而在逐漸減弱,這是家長朋友最關心的問題。

孩子交往的問題行為包含兩個方面,一是外顯性問題行為:脾氣大、坐不住、和別人爭吵、妨礙活動的正常進行、有攻擊性、不遵守規定等;二是內隱性問題行為:說沒有人喜歡自己、很孤單,表現得很緊張、悲傷、憂鬱等。

(一)不願交往

有些孩子不願意與同伴交往,即使在外面也只和大人在一起,不主動去找小朋友玩,有的甚至當同伴主動找到他時他也採取「迴避政策」。

1. 缺乏交往動機

這類孩子缺乏交往動機的原因可能在於:

①有些家庭以孩子為中心,對孩子的各種需要幾乎是無條件滿足,而且總有人陪著遊戲,他們難以產生找同伴遊戲的動機。

②有些孩子只願意與成人交往是因為成人總讓著他，與同伴交往他就需要協調、商量，甚至還要想辦法解決衝突，為了「省事」他寧可與成人交往。

家長應及早對這類孩子進行「心理斷乳」。當孩子長到3歲左右，有了一定的獨立能力時，就應給他一個簡單的時間表，讓他明白，家庭成員有聚在一起的時候，也有各自工作、遊戲的時候，彼此之間不能互相干擾。

孩子「心理斷乳」的及早進行不僅有助於他們產生同伴交往的動機，而且是促進其獨立性發展的「關鍵策略」。實踐證明，及早進行「心理斷乳」也有助於縮短孩子剛入幼稚園時產生的「分離焦慮」時間。

2. 有過失敗經歷

有些孩子由於有過負面的交往經歷，比如被同伴欺負過，因而不願意再與同伴交往。他們採取迴避方式的目的在於保護自己免受傷害。

對於這類問題，家長應細心觀察，找出問題的癥結然後對症下藥。孩子若是被同伴欺負過，家長不妨直接帶領孩子與同伴交往兩三次，為孩子「壯壯膽」，當孩子學習到交往技能、體會到交往的樂趣後，家長就可以撤了。

3. 孩子個性原因

由於受遺傳或自身個性特點影響，有些孩子比較內向，不願與人打交道而只喜歡與物打交道。

對於這類孩子，家長可以引導，但不要指望一蹴而就。家長要儘可能引導孩子與同伴多一些交往，否則孩子就失去了一個很重要的學習途徑。

需要說明的是，年齡較小的孩子（大約3歲以下）不願交往是正常現象，因為這時他們還處在「單獨遊戲時期」或「平行遊戲時期」。但3歲以後，孩子應表現出逐漸增強的交往需要，如若不是，家長應從以上方面尋找原因。除此之外，家長應考慮自閉症的可能，要及早帶孩子到專業機構治療。

（二）不敢交往

有些孩子害羞、膽小，想與小朋友交往卻不敢交往。比如，想交換玩具卻不敢說，讓父母帶著交往等。孩子在3歲左右出現不敢交往的情況比較多，因為這時他們正處於想交往又不會交往的階段。

隨著交往經驗的豐富，他們會變得樂於交往，如果還不敢交往，多是自信心不足所致。造成孩子不敢交往的原因有兩個：一是缺乏交往經歷和經驗，孩子對於沒有經歷或經歷少的事情總懷有恐懼心理；二是沒自信。

除了多帶孩子進行交往外，比如到有孩子的鄰居家作客，與朋友一起帶著孩子出門遊玩等，還要重點培養孩子的自信心。讓孩子與比他們年幼的同伴交往是一個有效的策略，當孩子在與較小孩子的交往過程中積累起豐富的交往經驗、建立起自信時，他們就逐漸敢於交往了。

（三）不會交往

有些孩子願意交往也敢交往，卻由於採取了不適宜的交往行為，而在交往過程中經常出現問題。大致有以下幾種情況。

1. 被欺負

有些孩子總被一個或幾個孩子欺負，他們不敢反抗，只能回到家裡向家長訴說，家長既心疼又生氣，但常常不知怎麼辦才好。此消彼長是一些事物存在的規律，這個規律也同樣存在於人與人之間的交往上。

當一個孩子欺負另一個孩子而沒有遭到反抗時，他就會逐漸膽大起來，更加強化了欺人的行為。其實，孩子最初的欺負行為都是嘗試性的，當這種行為遭到反抗時，他一定會收斂一些。

當孩子第一次回家報告被欺負時，家長在搞清楚純屬欺負行為時，一定要告訴孩子應勇敢地反擊。比如，鼓勵孩子對欺負人的孩子說「我不喜歡你這樣做」「你再這樣，我就不客氣了」等等。有些孩子由於性格懦弱或別的原因不敢反擊，家長則可以陪伴在孩子的身邊，但切記一定要讓孩子自己處

理，家長不能包攬代替，也不要給孩子形成仗勢欺人的印象，要讓孩子以理服人。

在反擊過程中積累交往經驗、增強交往技能才是最根本的目的。教孩子幾個「絕活」也是提高孩子社交地位的策略。孩子往往崇拜能力比自己強的人，對於這樣的同伴他們也很少產生欺負的動機。因此，在業餘時間教孩子一些技能，如摺紙、變魔術等，有助於他們「震懾」住喜歡欺負人的同伴。

2. 自我中心

有些孩子比較自我中心，在遊戲過程中不願意把自己喜歡的玩具給同伴，總希望別人都聽他的，喜歡出鋒頭，總要占據「好事」，這種孩子由於其行為不符合「遊戲規則」而常常成為不受歡迎的人。

對這類孩子使用「自然結果法」就很好。即：當孩子由於自己的行為而不受歡迎時家長再及時介入，在孩子感到最「痛」的時候幫助他找出原因及對策。孩子的「樂群性」使他們這時很容易接受家長的建議。輪流、分享、協商等都是孩子應該學習的重要的社交技能或「遊戲規則」，在交往過程中要讓孩子逐漸習得這些技能從而逐漸成為受歡迎的人。

3. 攻擊性強

有些孩子喜歡打小朋友、搶別人的玩具從而成為不受歡迎的人。比如，當他們想加入正在進行的遊戲小組時，他們經常會採取強行進入的辦法從而遭到同伴的拒斥。他們缺乏與遊戲情境相對應的交往策略。研究證明，模仿他人的行為、顯示出一致、說與遊戲有關的話等都是加入遊戲小組的有效策略。

針對攻擊性強的孩子，家長可採取與孩子討論、講故事等方法使孩子明白自身存在的問題及解決問題的辦法。告訴孩子，當與同伴發生衝突時可採取以下步驟：傾聽別人的想法，平靜地陳述自己的想法，達成共識。

在與同伴的交往過程中，孩子太懦弱和太「自我」都會出現問題。想讓孩子把握好交往的分寸、自如地進行交往，必須讓孩子進行「實地學習」。

那種怕孩子出問題而把孩子關在屋裡的做法是絕不可取的，孩子只有在經歷無數次成功和失敗的交往後才能真正成長起來。

四、同伴交往的迷思

（一）迷思一：朋友越多越好

沒有朋友固然不是良好的交往狀態，但如果孩子有很多朋友，一般友誼不會很深，也不太能夠持久，父母也要反省孩子是不是在交往上出了問題。能夠維繫較長時間的友誼，即使孩子只有一個朋友，父母也不必太擔心。孩子交往朋友，既需要數量，更需要質量。

（二）迷思二：孩子大聲說話，能給人開朗的感覺，這就是「會交際」

大聲嚷嚷並不比用溫和的口吻說話更有說服力。在孩子的交往中，能不能維繫友誼才是問題的關鍵。

（三）迷思三：孩子還小，禮貌不周全沒關係

講禮貌的習慣不是天生就有的，而是從小培養起來的。孩子越早擁有禮貌的態度，他就越容易被別人接受。

（四）迷思四：認識新朋友才是「交際」

認識新朋友固然可以提高孩子的交往能力，但孩子大部分的時間是和家人在一起的，和家人的和諧相處也可以看出孩子的交往能力。

（五）迷思五：孩子應該和「聰明」的孩子交往

這些父母認為「聰明」就是學習好，他們希望孩子結交「聰明」的小朋友。他們在無意中也給孩子灌輸了這樣的思想：「聰明」就是學習好，不值得和那些在學習上比自己弱的人交往，也不值得對別人付出同情心。父母應該讓孩子知道，每個人都有自己的弱項和強項。即使孩子的小朋友在某個方

面不如自己的孩子，但別人的長處仍是值得去學習的。除了學習上「聰明」，對人有禮貌、能替別人著想等好的品行也應該學習。

（六）迷思六：父母代替孩子交往

一些父母在孩子交往的問題上表現得比較好面子，有時會擔心孩子交往不好，就索性代替孩子交往。例如，有個媽媽虛榮心很重，每當她帶著孩子見到熟人，孩子還沒有說話，媽媽就先開了口：「我們家孩子膽子比較小，內向，羞怯。」其實，媽媽就是擔心孩子說話笨嘴笨舌，說得不得體而讓她沒面子。

這樣一來，孩子本來想要說的話也不敢講出口了。當父母代替孩子交往的時候，實際上是在保全自己所謂的「尊嚴」和「面子」。這樣做，父母雖然保全了「面子」，孩子卻損失了可貴的交往機會。

有許多父母希望給孩子鋪一條平坦的路，這是不現實的。這既影響孩子的交往能力，也不利於孩子良好意志品質的形成，還會造成孩子長大後不能適應複雜的社會生活，產生自卑、憂鬱、厭世等不良心理。孩子在交往中遭遇挫折時，父母可以對孩子受的委屈同感共情，引導孩子總結經驗教訓，鼓勵孩子接受挑戰和鍛鍊，讓他在經受挫折、克服困難的過程中不斷提高交往能力。

五、如何讓孩子和同伴友好相處

（一）教孩子一些基本的人際交往禮儀

可以在孩子剛學說話的時候就教他說一些與人交往所需的話語，例如「你好」「謝謝」等。在他開始與別的小朋友一起玩耍的時候，就可鼓勵他練習說這些話。讓孩子懂得謙讓的禮貌，比如家長可以在孩子們活動的時候鼓勵孩子把好的玩具讓給同伴玩，或是邀請同伴一起玩好玩的東西，增進孩子們的友誼。

（二）家長應改變對孩子嬌寵溺愛的教育方式

可以引導孩子思考「為什麼小朋友不喜歡我」「為什麼他們不願意理我」「當我做了什麼，別人會顯得很高興」等問題。父母透過講故事、和孩子共演情景劇的遊戲方式，也能讓孩子學會換位思考，寬容他人，自己想辦法處理與朋友的關係等，讓孩子在這些活動中得到鼓勵，就能逐漸把新的經驗運用到實際生活中。

讓孩子在成長過程中學會替別人著想，是提高孩子受歡迎程度的另外一種重要的社交技巧——總是能夠考慮到朋友的心情，在朋友傷心難過的時候能夠表示關懷，並且能夠讓同齡人更信賴他。

（三）讓孩子獨自做客或招待客人

如果想訓練孩子的交際能力，可以讓孩子獨自到鄰居或親戚家去玩耍，這樣，就可以讓孩子用平時學會的一些交際語言進行練習。之所以讓孩子獨自去，是因為這樣孩子不會有一種依附心理，他必須親自與人打交道，這時的他是作為主要人物上場的，他不得不獨自面對這些問題，這會促使他去思考，促使他學會與人交往，與他人和睦相處。

如果是朋友到自己家來做客，可以讓孩子進行接待，從而讓孩子學會如何待人接物。特別是與孩子年齡差不多的小朋友到家玩耍時，更要讓孩子親自做一回小主人。

（四）家長可以鼓勵孩子多參加群體活動

諸如課外興趣小組、課外活動，除學校之外社區舉辦的敬老活動等，這些活動有利於孩子的身心健康。此外，和同齡人一起參加群體活動還有利於孩子形成平等觀念，逐漸脫離對家長的依賴，孩子的發展能力和創造能力也可以得到更好的發展。

和同伴的交往必須要在實踐中才能發展起來，與其他孩子之間的矛盾是不可避免的，要慢慢讓孩子學會自己處理。事事包攬代勞，為孩子出頭，是不可能讓孩子學到交往技能的。

（五）幫助孩子克服嫉妒心

在同學之間如果遇到別人比自己好，有的孩子不僅不向別人學習，反而嫉妒，甚至把別人的文具弄壞、作業本撕掉。此時，家長除了應使孩子知道嫉妒的危害性以外，更要引導孩子從嫉妒中解脫出來。教育孩子見到同學的長處，不應嫉妒，應虛心向別人學習，鼓足勁趕超上去，使自己進步得更快。對待孩子的嫉妒心，做父母的絕不能用簡單的訓斥或打罵的方法來對待。另外，克服孩子的嫉妒心，家長的表率作用是非常重要的。

（六）教育孩子要善待同學

「溫暖」就是對別人要厚道一點，大方一些，要「將心比心」「與人為善」。同學之間要互相關心，互相幫助。同學學習上有困難，自己要主動幫助；別的孩子病了，要主動看望；同學忘了帶學習用品，要主動借給他用。同學如有缺點，要善意地指出，真誠相待，不能抓住別人的「小辮子」不放，動不動就「揭人傷疤」，刺傷同學的自尊心。引導孩子從小就不要斤斤計較，不要心胸狹窄，對同學要講謙讓。同學之間發生矛盾，要提倡寬大為懷，嚴於律己，寬以待人。

六、家長如何對待孩子青春期戀愛問題

當孩子年齡在 13～18 歲時，生理逐步發育成熟。處於青春期的孩子生理上第二性徵的出現，打破了少年期的心理平衡，他們產生了青春期特有的困惑、恐懼、疑慮和痛苦，同時，對異性存有的神祕感、新鮮感而導致的探究心理，又驅使他們與異性頻繁接觸，於是許多的孩子也就自覺或不自覺地涉入愛河。所以說，青春期戀愛其實是進入青春期的孩子因生理和心理變化而導致的，是一種正常現象，但這個時期的同伴交往，特別是異性交往卻是一個重要的議題。

（一）青春期戀愛的特點及類型

青春期戀愛是青春期或青春期之前的少男少女所產生的過早戀愛的現象，一般發生於 18 歲之前。這個時期的孩子由於年齡侷限、涉世不深，缺乏必要的思考能力，而更多的是跟著感覺走。感覺到異性的突出表現及特長，如成績好、長相好、有特長等，往往都會使他們產生傾慕之情。

這時如果把握不住自己，便會走進情感誤區，產生青春期戀愛。有位作家說過，青春期戀愛是一朵帶刺的玫瑰，我們常常被它的芬芳所吸引，然而，一旦情不自禁地觸摸，又常常被無情地刺傷。青春期青春期戀愛主要呈現出以下一些特點。

1. 朦朧性

青春期戀愛的青少年對於青春期戀愛關係的發展結局並不明確。他們主要是渴望與異性單獨接觸，但是對未來組建家庭、如何處理戀愛關係和學業關係、如何區別友誼和愛情都缺乏明確的認識。

2. 矛盾性

有青春期戀愛關係的青少年內心也充滿了矛盾，既想接觸又怕被人發現，青春期戀愛的過程中愉快和痛苦並存。

3. 變異性

青春期戀愛關係是一種充滿變化、極不穩定的感情關係。青少年之間一對一的青春期戀愛關係缺乏持久性，一般不會持續很長時間。

4. 差異性

青少年的青春期戀愛行為具有明顯的差異性。在行為方式上，有的青少年的青春期戀愛行為十分隱蔽，透過書信、電話、微信等方式來傳遞感情；但也有的青少年很公開，在許多場合出雙入對，儼然一對情侶。

在關係程度上，大多數有青春期戀愛關係的青少年的主要活動是在一起聊天，交流隱祕的感情，從人際關係來看，還沒有超出正常的關係。有的則關係發展得很深，除了談論感情以外，還會發生性關係。

5. 不穩定性

青少年生理和心理正處於一個急劇變化的過程中，變化很大。他們的理想、志趣、愛好、性格等往往會發生變化，從而引起愛情的變化。而且，戀愛越早，離結婚之日越長。

例如 15 歲時開始談戀愛，到近結婚之日也有近 10 年，夜長夢多，在這近 10 年的時間裡，男女雙方的情況都會有很大的變化，而每一種變化都可能影響到愛情的鞏固和發展。

因此，青春期戀愛成功，能夠永結同心者甚少，白頭偕老的人往往不是青春期戀愛的對象，青春期戀愛時所說的「永遠愛你」往往是一種天真幻想和難以實現的空話。

（二）如何辨別青春期戀愛

青春期戀愛有可能會造成很多的危害，如：危害孩子的身心健康、對孩子的學習干擾極大、容易使孩子產生越軌行為、甚至可能導致犯罪。家長和孩子如果對青春期戀愛問題處理得好，那會迎來更美好的明天，如果處理不好，足以摧毀孩子一生，甚至將醞釀悲劇的發生。那麼作為家長我們先要分析孩子是不是青春期戀愛了，不要盲目地認為和異性有交往就是青春期戀愛。

1. 從時間上看

並非男女生一交往就是談戀愛，而是某個男生和某個女生長期在一起就可能是談戀愛。

2. 從交往上看

看男女雙方的交往是經常在公眾場合，還是在比較隱蔽的地方，談戀愛大多在比較隱蔽的地方。

3. 從青春期戀愛的跡象看

突然變得愛打扮，經常對著鏡子照，學習成績突然下降，上課注意力不集中，時常走神發呆，喜歡一個人待在一邊想心事，情緒起伏大，對描寫愛

情或性的電影、電視、小說感興趣，背著他人偷偷寫信、寫日記、發簡訊，看到人就掩飾。

（三）瞭解青春期戀愛的各種情況

接下來家長應該分析孩子是哪一類型的青春期戀愛，要摸清底細，心中有數。孩子青春期戀愛情況比較複雜，有的是長期共同協作互生愛慕，雙雙墜入愛河；有的是表面看似親密，往來密切，狀似戀愛，其實只是普通的朋友關係；有的是一頭熱，屬單相思；有的是表面往來甚少，關係一般，其實已戀愛多時；還有的甚至缺乏自控，已出現越軌行為，但沒有人知道。

這就需要家長多和老師溝通交流瞭解情況，在孩子平時的學習生活中多多觀察，掌握準確的訊息，摸清孩子的底細，在處理問題時做到心中有數。

（四）家長如何應對孩子青春期戀愛

典型案例

李某告訴記者，女兒在小學讀五年級，最近家長遇到一件非常棘手的事情。「平常孩子的作業都是媽媽在輔導，我經常出差，也比較忙，上週四晚上次到家，想看看女兒最近的學習情況怎麼樣，去女兒書房，無意間翻到她寫的日記。」

李某稱，自己知道偷看日記很不好，但還是有股強烈的好奇心，掃了一眼，一看日記寫著：「要是他出現，我覺得很開心，學習起來也有勁；看不到他，我很失落，無心學習。」

「我當時一看都呆了。」李某說，因為當時女兒和妻子就在客廳，他在書房也不敢待久了，心裡一直擔心女兒是不是有青春期戀愛傾向。「晚上給妻子說了此事，還是她有辦法。」李某笑著說，妻子想出了一招。

「我們去了附近一所大學。」李某稱，在大學校園遇到談戀愛的一點不奇怪，在校園的椅子上，有情侶肩膀搭著肩膀。看到這一幕，妻子故意說給丈夫聽：「我們是工作後才談的戀愛，其實我很小的時候就有個非常喜歡的

同桌。」妻子當著女兒的面,開始講起了自己的「青春期戀愛史」,女兒原本有些無精打采,這時眼前一亮,側著耳朵仔細聽。

妻子就講,她上小學四年級的時候,迷戀過班上的同學,那人不僅長得帥氣,學習成績還好。「現在都不知道他在做啥,樣子也有點模糊了,我那時還想,今後要嫁給他呢。」李某說,從大學回來的路上,女兒也提到了她們年級的一個男生⋯⋯這時,李某心中的疙瘩也解開了。

「青春期戀愛」固然離不開家庭、社會因素,但更離不開心理、思想因素。因此,解決孩子的「青春期戀愛」問題還應講究方法,正確引導。要從心理、思想入手,摸清孩子的想法,對症下藥,進行逐步的疏導。切忌粗暴壓制,強逼屈從。

1. 不要傷害孩子的自尊心

很多父母一上來就拚命同孩子講道理,豈不知,如果孩子情感沒有處理好,你就是講得天花亂墜他也聽不進去。人一旦陷入情感中不能自拔,是什麼道理都聽不進去的。可以等他自己迷途知返,父母再乘勝追擊。

這個時候不論是好言相勸還是惡語相逼,都會使孩子的自尊心受到極大的傷害,因為在孩子不知情的情況下,父母瞭解到了孩子的青春期戀愛問題。如果這個時候傷害了孩子的自尊心,接下來和孩子的關係就步入一個僵局,更不知該如何處理是好。

試想,如果雙方父母都反對,尤其是女孩子的父母,她在家庭受了傷害,一定會找男孩子哭訴補償,男孩會內疚,更想保護女孩,結果成為兩個孩子和兩對家長的戰爭,越禁止他們,其關係反而越密切了。所以,孩子出現青春期戀愛,一定要用愛把他拉回來,而真正的愛可以用「無條件接納」來概括。

2. 充當傾聽者

孩子的青春期戀愛問題不是一時半刻就能解決的。一個成功的家長應該具有足夠的耐心與寬容,面對孩子存在的青春期戀愛問題傾向更應具有這方面的修養。成為一個傾聽者的先決條件是必須將自己與孩子放在同一個高度

上，把自己當作他們的朋友，樂意聽他們訴說，幫助他們解決問題，只有這樣才可能知道孩子最真實的想法，並有針對性地加以引導。

(1) 如果孩子肯承認青春期戀愛的話，恭喜你的孩子

你可以說：「兒子（女兒），你開始喜歡女生（男生）了，爸媽很高興，你長大了！」這樣說話也並非鼓勵孩子青春期戀愛，而是「曲線救國」。孩子認為自己的情感很純潔、很美好，而家長通常認為孩子做了不應該做的事或者產生了不應該有的想法，於是，家長和孩子的衝突產生了。

而如果家長以接納的態度對待孩子，孩子感覺到了自己的情感被父母接受和欣賞，他就會對你袒露心事，你們才可能有進一步的交流。等他講述他喜歡的人的特點之後，你要加上一句：「你長大了，爸媽很高興，但是，我們還不太清楚你打算怎麼對待這份感情。」

孩子總是依賴父母的，只要父母以接納的態度對待孩子，他們大多會和父母講自己的做法。比如，女孩說男孩約她到哪裡，父母可以告訴孩子：「那個地方可能不太好，我們還不太瞭解他。」同時可以趁機告訴女兒：「女孩子要學會保護自己，絕對不可以和男孩子有肢體接觸，不可以和男孩子單獨待在一個房間。」

還要提醒她：「孩子，媽媽（爸爸）是怕你吃虧呀！那男孩子如果真的愛你，他就絕對不會做傷害你的事。他如果提出過分的要求，那麼他感興趣的只是你的身體，而不是真正愛你，你一定要遠離他。」父母還可以跟她講：「你們現在的重點是讀書，就在學校交往吧，離校後就各自回家吧。」

(2) 如果孩子不肯承認自己青春期戀愛，這種傾聽教育如何開始

父母可以和孩子分享自己的戀愛經驗。孩子在成長，有了對異性的情感，但是沒有經驗，此時，父母要想辦法誘導孩子跟自己談一些關於情感成長的事。平時不夠民主的家庭，孩子通常是不會開口的。這時，父母可以把自己的經驗告訴他。通常，孩子會對父母的戀愛經歷很感興趣。

注意，談話一定是朋友式的建議，而不能是權威式的強壓，以免孩子反感。比如父親和兒子談，母親和女兒談。可以說：「爸爸14歲時也喜歡過

一個女孩,知道很甜蜜也痛苦⋯⋯」然後講自己的經歷,講自己曾經喜歡過的幾個女孩,講現在同媽媽在一起生活的幸福感受。

要讓孩子知道:十幾歲時對異性的好感會隨著年齡的增長而慢慢淡化,那些其實都不是真正的愛,只是青春期生理逐漸成熟造成的心理萌動,一點喜歡而已。喜歡他很好,但是不代表未來,將來會有很多變數。喜歡,只代表一種認同,跟他有惺惺相惜之感,你可以把他當作自己的朋友。孩子理解了父母的經歷,也就可以把戀愛看作生命中一段美好的回憶而不是天長地久的未來,他會想到自己現在最應該做的事是學習,也會重新調整自己在上面花費的精力和時間。

(3) 在傾聽的過程中必須注意引導的方式

引導得好,孩子的心門會被輕易打開;引導得不好,他們就會守口如瓶。許多孩子喜歡在訴說前先「探聽」老師或者家長的口風,並設想自己可能遇到的情況,一旦發現情況的發展不利於自己則可能很敏感地閉上自己想傾訴的嘴。這時家長必須充分表現出一種過來人的大度和寬容。對異性同學存在著好感沒什麼好大驚小怪的,這是許多人成長過程中所必經的,只要不過分,沒有必要刻意遏制。

3. 充當「偏袒者」的角色

孩子大多不願意家長與老師知道自己的「感情祕密」,除了害怕外,更多的是因為他們的羞怯。那麼,老師和家長一旦發現孩子中存在這種情況時不妨讓自己充當一個「偏袒者」,適當地替孩子保守隱私,以此作為教育過程中的「籌碼」,不但不會使問題擴大,而且更易於工作的開展。因為有些孩子一旦發現自己的隱私已在長輩前一覽無餘時反而會有「既然你們都已知道,我就不妨公開這麼幹」的逆反心理,事態也會進一步擴大。

4. 要善於採用新的方式對孩子加以引導

根據目前青春期戀愛的特點,現在的孩子已不能從強調「名聲」與責任感的角度進行教育,而應從新的角度切入。

(1) 指導他交往

孩子管不住自己的心，你可以要求他告訴你他們交往的情況，做一點交往時間和地點的要求，做一些交流話題和接觸的要求。只要你們有良好的親子關係，他會答應的。這樣做，至少你可以瞭解事情的進展情況。何況你也知道，此時堵是堵不住的，不如此，又能怎樣？這樣做最消極的作用是隨著時間的流逝，他的熱情就慢慢沒有了，說不定還有意外收穫。

(2) 對比考慮，自我認知後果

你可以疏導孩子，問以後他們之間的結果是什麼。很多孩子的回答都是覺得好玩而已，不可能走到一起，而且他們的理想不同等。你可以趁機告訴他既然不可能走到一起，那麼可以試著分手，不分的話影響彼此不說，自己為一段沒有結果的感情付出那麼多是否值得。

這個時候鼓勵孩子分手，孩子也會成熟地考慮問題，如果孩子做不到，說分手很痛苦，家長這個時候應該說現在都覺得痛苦，總有一天要分的，那個時候相處時間越長，是不是越難受，這個時候分手已經成為很自然的事情。

其實，孩子想去嘗嘗感情的滋味並不是一種必不可少的心理需要，更多的是他們只知道感情的美妙，卻沒有意識到它可能帶來的傷害，而當將來一旦意識到時又為時已晚，對學習和生活造成極大的影響，甚至影響孩子整個人生觀。所以家長和老師應該讓孩子在受到傷害前提醒孩子注意，讓他們懂得去保護自己，避免傷害。

(3) 審美教育，防患於未然

孩子在成長的過程中難免會出現心理波動，許多事情的發生不是可以事先制止的，所以，應該儘早地對孩子進行審美教育。一方面，讓孩子明白初戀是人生中最純潔的感情之花，不論它開在什麼時候都是應該珍惜的；另一方面，讓孩子明白異性間的接近是以傾慕為基礎的，要想讓對方注意自己，就必須讓自己變得更出色。

嘗試進行這樣的引導後，孩子會以一種更為純潔的心理去對待第一份感情，也會學著讓自己變得更出色。從這個角度來看，對他們的成長何嘗不是一種動力呢？

總之：坦誠面對孩子。反省，改變自己對待孩子的粗暴、強硬方式或不關心的態度；接納，讓孩子向你敞開心扉；指導交往，讓孩子正確處理情感。很重要的一點是，一定要和班導師多溝通。他們是專業人士，而且，可能比你更瞭解你的孩子。最重要的是他們比你冷靜。

典型案例

　　多年前，我與她同班，她是班裡氣質最好的女生，文靜中有幾分成熟的美。她與我坐一起，成績也比我好，當我有不明白的問題請教她時，她總是認真熱情地解答。她性格開朗，臉上總是掛著美麗的笑，她笑得很美，有時候，我會為她的笑容想入非非。也許是坐一起，彼此交流得多了，也就產生了好感，於是，我主動地提出想與她交朋友。當時我們還是高二年級的孩子，「愛情」過早地闖入了我們的生活中。

　　我們開始了「約會」，放學後，我們會躲到河邊的柳蔭下，開心地聊些不著邊際的話題。這樣的日子過了一段時間後，我們的交往被同學發現了，很快全校老師和家長也都知道了。我們都很害怕，在別人眼裡，我們是壞孩子，甚至是「下流」的人。

　　其實，我們只是覺得在一起很開心，沒有什麼事情發生，更不像別人想像的那樣。由於學校和家裡的壓力加上社會輿論，我和她終於「分手」了，後來，我被母親送往外地的親戚家讀書，她也就從此沒有了音訊。也許她已經成了那次「青春期戀愛」的犧牲品，我呢？

　　青春期戀愛是青春期性萌動的結果，異性相吸本無可厚非，但是沒有成熟的果子，過早地品嚐一定是苦澀的。此個案文字間雖然沒有過多地描述自己內心的痛苦，但從他的經歷中可以感受到一個中學生面對多方面的壓力所承受的心靈重創。

　　正如案例中最後說到的「也許她已經成了那次『青春期戀愛』的犧牲品，我呢？」。他在事隔那麼多年後，想到自己的青春期戀愛，或許有諸多感慨，但是，他不會慶幸自己曾「青春期戀愛」，使自己長時間地陷入「陰影」中，被陰鬱困擾。

第八講 考試焦慮與厭學輔導

大多數孩子都不喜歡考試，期末考試最讓人恐懼，月考和隨堂考也不敢掉以輕心。在班級甚至學校的排位下降，家長捧著成績單時失望的表情，同學的嘲笑，這些可能是謹小慎微的女孩子擔心的事情；男同學也許更在意家長的種種美好許諾不能兌現，比如一個玩具、一次旅行等等。

男生或女生，成績好的或成績差的，刻苦用功者或「社會活動家」，老師的寵兒或棄兒，無一例外，讓自己的名字處於那長長榜單的最上方是永遠的夢想。接下來讓我們從心理學的角度認識焦慮與厭學，尋找合適的方法應對考試焦慮與厭學吧。

一、焦慮與考試焦慮的含義

（一）焦慮的含義

焦慮是指個體由於不能達到目標或不能克服障礙的威脅，致使自尊心與自信心受挫，或使失敗感和內疚感增加，形成一種緊張不安、帶有恐懼的情緒狀態。

焦慮可分為三類：

第一，現實性或客觀性焦慮，是由客觀上對自尊心的威脅引起的。例如：孩子面臨升學、就業前的考試，渴望獲得成人或社會認可的地位所產生的焦慮。

第二，神經過敏性焦慮，即不僅對特殊事物或情境發生焦慮反應，而且對任何情況都可能發生焦慮反應。它是由心理—社會因素誘發的憂心忡忡、挫折感和自尊心的嚴重損傷。

第三，道德性焦慮，由於違背社會道德標準，在社會要求與自我表現發生衝突時，引起的內疚感所產生的情緒反應。

心理學家對焦慮發生的原因論說不一：心理分析學派認為是潛意識之間的衝突引起的；認知學派則認為是知覺、態度與信念的衝突引起的；人本主義學派認為是由達到自我實現時發生的思想衝突引起的。焦慮與學習的關係密切，高焦慮只有同高能力相結合才能促進學習，高焦慮與低能力或一般能力相結合則抵制學習。把焦慮控制在中等程度，才有利於一般能力水平者的學習。

（二）考試焦慮

考試焦慮，是指因考試壓力過大而引發的系列異常生理、心理現象，包括考前焦慮、臨場焦慮及考後焦慮。心理學認為，心理緊張水平與活動效果呈倒「U」字曲線關係。緊張水平過低和過高，都會影響成績。適度的心理緊張，對考試有種激勵作用，並產生良好的活動效果。但過度的考試緊張則導致考試焦慮，影響考場表現，並波及身心健康。

2008年，中歐國際研究表明，61%的學生有不同程度的考試焦慮，其中26%為嚴重考試焦慮。考試焦慮嚴重影響考生的成績，尤其是數學和語言科目。女生患嚴重考試焦慮的數量是男生的2倍。中歐國際心理健康機構認為，在中學生之中存在的考試焦慮主要有兩種趨向：一種是臨到考試之前開始感到緊張和焦慮；一種是在學習過程中長期存在學習焦慮，而一到考試之前表現則更為強烈。

兩者都是由考試這一緊張情境直接觸發的，但前者的學習成績有好也有差，後者則基本上是因為成績一貫不是很好，缺乏信心所導致。存有上述兩種焦慮的學生應該對焦慮本身有一個較為正確的認識。

焦慮是人或動物對緊張情境的一種自然反應。不管是哪種焦慮，心理研究的結果早已證明，適度的焦慮對於考試而言是最能發揮自己的水平的。一點不焦慮的同學反而容易「大意失荊州」，而過度焦慮的同學則會對自己水平的發揮形成一種抑制作用。

二、考試焦慮的形成因素及應對策略

（一）考試焦慮的形成因素

1. 主觀因素

(1) 自我期望過高

夢想自己一舉成功，幻想自己考試能超水平發揮，當感覺自己力不從心時，緊張和焦慮的心態便油然而生。

(2) 知識準備和應試技能不足

孩子對所學知識掌握多少以及是否鞏固，都會影響他們應試時的焦慮水平。如果準備不充分，知識上有欠缺，則會導致信心不足。本來就提心吊膽，一旦試題與自己準備的不相符合，就更加緊張，結果必然導致高焦慮。

(3) 自信心不足

自尊心強的孩子，總有一種害怕被淘汰的心理，其實自己已經很努力了，但一旦成績不理想，就喪失信心，低估自己的能力和知識水平，遇到一點挫折失敗就垂頭喪氣。

(4) 考前身體狀況不好

比如生病、失眠、過度疲勞等導致體能上競技狀態不佳容易產生高焦慮。

2. 客觀因素

(1) 來自父母的壓力

目前父母普遍有一種補償心理，期望透過子女來實現自己的理想。因此，按照自己的期望來設計孩子的未來，培養孩子的興趣愛好，並在學習上不斷地施壓。這會致使孩子感到肩上的擔子很重，難以達到父母的目標和要求，容易出現鬱悶、逆反心理，加重心理壓力。

(2) 來自老師的壓力

老師往往偏愛學習好的孩子，而孩子也十分珍惜老師的這種「關愛」，總希望自己能考出好成績以謝師恩，既為自己也為老師臉上添光，這種期待心態，無疑會給孩子增添幾分壓力。

(3) 來自同學的壓力

同一班級的孩子，由於彼此之間存在競爭，大家爭先恐後，害怕別人超過自己，尤其是成績好的同學之間競爭更是激烈，彼此間有一種對抗心理，相互暗暗努力，加班加點學習，疲憊加勞累，久而久之，就會產生無形的心理壓力。

（二）應對考試焦慮的策略

1. 認知調控

堅決杜絕用「完了」「我感覺糟糕透了」等消極的語言暗示自己；消除大腦中的錯誤訊息，不要被一兩次考試失敗和一兩科考試失誤所嚇倒，不要以偏概全，認為自己不行，而喪失信心；適當減輕周圍環境的壓力，針對種種擔憂，自己和自己辯論，用這種理性情緒療法，糾正認知上的偏差。

(1) 自信訓練

自信訓練主要是透過運用交互抑制原理，透過考試焦慮者自我表達正常情感和自信，使那些消極的自我意識得到扭轉，藉此削弱或消除其考試焦慮的一種自我訓練方法。它的操作步驟如下：

①學會覺察個人消極的自我意識（必須用書面語言清晰地表達出來，隨時記下）。

②養成向消極的自我意識挑戰的習慣（向消極的自我意識中的不合理成分進行自我質辯，指出其不現實性和不必要性，闡明由此對個人所造成的危害，並明確今後應有的態度）。

③自我教導訓練，包括：

一是自我觀察，即觀察自己的學習與生活，找出不舒服的情境，說出或者寫出與考試情境有關的負向的內在對話；

二是尋找積極的內在對話，引導孩子尋找與原有非理性觀念不相容的思考方式，並用新的內在對話來表達；

三是學習新的技能，讓孩子在現實情境中練習新的內在對話，並幫助孩子掌握一些有效的應對技能，以便能更好地適應考試情境。

(2) 自我調整

家長應該清楚地知道自我調節對孩子的重要意義，家長要採取有效的方法幫助孩子進行自我調節。有些孩子情緒波動大，情緒難以受理智控制，容易心煩意亂，喜怒無常，稍遇不順便怨天尤人，或認為自己一無是處。法國作家大仲馬說過：「人生是一串由無數的煩惱組成的念珠，達觀的人總是笑著唸完這串念珠的。」

在我們的生活中到處充滿著自我暗示法，例如，清晨你對著鏡子梳洗打扮一下，如果看到自己的臉色很好，往往心情舒暢，這就是一種自我暗示。假如你是一位臨考的中學生，你在鏡子面前看著自己的時候，你就需要積極正面地暗示自己：「我會發揮自己的真實水平，我是一個發揮非常正常的人。」

進入考場後，你可以暗示自己：「我能行」「我緊張，別人也一樣」「我最棒」「沒有人可以得滿分，有一些題做不出來很正常」等等，放下包袱，減輕緊張感，增強自信。此外，可採用深呼吸法，一呼一吸，將呼吸放得很慢很慢。這樣，可以調整身心，保持頭腦冷靜，避免胡思亂想，發揮出自己的正常水平。

(3) 合理歸因

通常人們在做完一項工作之後，往往喜歡尋找自己或他人之所以成功或者是遭受失敗的原因。美國心理學家韋納認為，我們一般把原因歸結為以下幾個方面：能力、努力、任務難度、運氣等。

①如果將成功歸於內部因素（能力、努力）：會產生自豪感，感到驕傲、滿意、信心十足，從而提高動機；如果將失敗歸於內部因素（能力、努力）：會產生羞愧、內疚的感覺。

②如果將成功歸於外部的因素（任務難度、運氣）：會產生僥倖心理，產生的滿意感較少；如果將失敗歸於外部的因素（任務難度、運氣）：會生氣，產生的羞愧感較少。

③如果將成功歸於可控制的因素（努力）：會積極地爭取成功；如果將失敗歸於可控制的因素（努力）：會繼續努力，相信只要努力就能成功。

④如果將成功歸於不可控的因素（能力、任務難度、運氣）：不會產生多大的動力；如果將失敗歸於不可控的因素（能力、任務難度、運氣）：會產生絕望感。

表2　韋納成敗歸因理論

歸因類別	成敗歸因向度			
	因素來源		可控性	
	內	外	可控	不可控
能力	✓			✓
努力	✓		✓	
任務難度		✓		✓
運氣		✓		✓

2. 行為矯正

作為家長要引導孩子對學習、生活各個方面的相關行為進行深度矯正，整個過程家長要適度參與和全身心配合，有些內容必須家長親自完成。行為矯正有兩種方法，一種是放鬆訓練，一種是系統脫敏訓練。放鬆訓練和系統脫敏訓練，是運用交互抑制原理，即人在放鬆狀態下的情緒與焦慮是相互抵抗的，比如放鬆狀態出現了，必然會抑制焦慮和緊張狀態的出現。

(1) 放鬆訓練

　　放鬆訓練就是透過一定的方法，如呼吸法、暗示法、表象法和音樂法等，使人體的肌肉一步步放鬆，使大腦逐漸冷靜，從而調節中樞神經系統的興奮水平，緩解緊張情緒，增強大腦對全身控制支配能力的訓練方法。放鬆訓練的原理，即肌肉和大腦之間是雙向傳導的，大腦可以支配肌肉放鬆，而肌肉的放鬆又可以反饋給大腦。這是透過循序交替收縮或放鬆自己的骨骼肌群，細心體驗個體肌肉的鬆弛程度，最終達到緩解個體緊張和焦慮狀態的一種自我訓練方式。

　　具體的操作步驟是：腳趾肌肉放鬆——小腿肌肉放鬆——大腿肌肉放鬆——臀部肌肉放鬆——腹部肌肉放鬆——胸部肌肉放鬆——背部肌肉放鬆——肩部肌肉放鬆——頸部肌肉放鬆。也可以將上述步驟顛倒過來進行訓練。放鬆訓練時，要注意的事項有：

　　一是做好放鬆訓練前的準備工作，安排安靜的場所（單人房間），一把舒適的椅子，在放鬆訓練前要解開個人所有的緊身衣物；

　　二是形成一種舒適的姿勢；

　　三是整個放鬆過程中切忌有吃零食等多餘行為或動作；

　　四是合理安排放鬆練習的時間；

　　五是持之以恆，堅持訓練。

(2) 系統脫敏

　　系統脫敏是利用條件反射原理，在放鬆訓練的基礎上，循序漸進地使孩子對考試的過敏性反應逐漸減弱，直至消除的一種行為治療方法。在考試前，可反覆想像以下場景：在家複習準備；老師宣布考試；我被第一道題難住了；時間幾乎快到了，我根本做不完……有些同學會說：「我不敢想像！」但是，你必須這樣做！如果想像後出現心慌頭暈、手抖出汗，請立即做深呼吸20～30次，一般很快就能平息不安的情緒。如此反覆多次（每2天進行1次，每次3～5分鐘），考試焦慮就會有所緩解。

具體步驟是：搞清引起考試焦慮反應的具體刺激情境；將各種焦慮情境按程度輕重，由弱到強排成「焦慮等級」；按放鬆訓練的方法，學會一種與焦慮反應相對立的鬆弛反應；將鬆弛反應逐步地、系統地同焦慮反應予以匹配（按「焦慮等級」由弱到強的順序），透過兩種反應的對抗作用，最終使鬆弛反應徹底抑制焦慮反應，達到脫敏目的。

3. 飲食療法

飲食療法就是增加身體營養的方法。臨考時孩子腦力勞動強度大，能量消耗大，需大量補充營養。因此，必須設法增加適量含蛋白質、脂肪、碳水化合物的食物，同時還要補充大腦所需的維生素、氨基酸以及鈣、鐵、鋅等微量元素。

飲食調節是重要的減壓手段之一，如避免飲用含咖啡因的飲料，因為咖啡因可以刺激中樞神經系統；煙中的尼古丁也同樣具有刺激性；酒精性飲料可能會使人某一刻放鬆，但之後會產生反彈的刺激性效應；避免食用人參，其含有刺激劑。壓力會導致體內缺乏 VC、VE、B 族維生素和鎂，因此適當補充這些維生素和礦物質是有益的；適度飲水；避免含糖量很高的食品，如果汁、蜜餞等。

4. 音樂療法

音樂能影響人的情緒行為和生理機能，不同節奏的音樂能使人放鬆，使人的生理、心理節律發生良性的變化。如：聖潔、高貴的音樂，可使人淨化靈魂、境界開闊；速度較緩的音樂給人以安全感、舒適感；清澈、高雅、透明的古典音樂，可以增進人們的記憶力、注意力；浪漫的音樂，可激起人們的惻隱、憐憫之心；流行音樂，可使人感情投入；時尚音樂，可釋放心聲。考生應聽些旋律優美、曲調悠揚的樂曲，可以轉移和化解心理焦慮，產生愉悅的感覺。音樂還能透過神經內分泌系統，進一步對人體機能進行調節。比如，促進血液循環、促進胃腸蠕動及唾液分泌、加強新陳代謝等，從而使人精力充沛。

5. 睡眠消除法

事實證明，很多臨考孩子的「考試焦慮」是由於學習過度疲勞、睡眠不足引起的。針對這種情況，廣大臨考的孩子們一般不宜夜半挑燈苦讀，要養成中午小睡的習慣。因為良好的、充足的睡眠可以消除大腦疲勞，換取充沛的精力和清醒的頭腦。充足的睡眠可以緩解大腦疲勞，是大腦充滿活力、從容應考的前提，也是克服考試焦慮情緒行之有效的方法。

6. 運動消除法

孩子以腦力活動為主，而適當的運動是消除大腦疲勞的有效方法。廣大臨考的孩子可根據自己的實際情況，散散步、打打球、做做體操，因為運動可以消除一些緊張的化學物質，雖然使肌肉疲勞，但可以放鬆神經，讓人神清目明，記憶效果增強，學習效率提升。

7. 興趣消除法

人們在從事自己感興趣的事情的時候，整個身心都會投入進去，進入一種物我兩忘的境界，什麼憂愁煩惱都會拋到九霄雲外。因此，廣大臨考的孩子在緊張的學習之後，做一些感興趣的事情，如，唱唱歌、看看報、聽聽音樂等等，都可以消除疲勞，化解煩惱，遠離考試焦慮情緒。

8. 情緒宣洩法

情緒宣洩是緩解壓力、保持心理平衡的重要手段。眾所周知，有些考試焦慮情緒是由於壞情緒的不斷積壓引起的。如：升學壓力使你透不過氣來、考試成績不理想、家長的囉唆等，都可能使心情變化，久而久之，就會出現「考試焦慮情緒」。針對這種情況，可採用以下方法：聊天法，即透過向親人或朋友述說自己的積怨，求得他人的理解和同情，讓自己的內心得到調整；哭笑法，如果內心憋得難受，又無法與人傾訴，應當找一個適宜的地方，放聲大哭或大笑，以宣洩自己內心的不平；書面釋放法，可以用寫日記或書信的方式，釋放自己的苦惱；上網法，有條件、會上網的臨考的孩子們可透過電腦網路與網友交流思想，排遣煩惱。

9. 遊戲轉移法

即透過開展遊戲活動，讓處於「考試焦慮情緒」的臨考孩子參與其中，進入角色，忘記疲勞，轉移注意力，釋放體內積聚的能量，調整機體的平衡，擺脫內心的煩惱。

（三）臨考前焦慮的調控措施

1. 家長保證孩子調整期望值，培養良好的個性

期望值是自我確立的結果能達到的預期值和目標，它是影響孩子考試焦慮的重要因素。期望值是否適度直接影響考生的動機程度，情緒狀態和品質也直接影響考生臨場水平的發揮。研究表明：過高的期望值會給孩子造成較強的心理壓力。

因為目標定得太高，超過了自身的實際能力，就會在活動中擔心沒有實現的把握而失去信心，同時，也會使考生在考前因過分擔憂而分散注意。因此，適當調整期望值，切合實際地提出目標和期望，這是非常重要的。

2. 家長保證孩子端正考試動機，正確評價考試成績及意義

在目前升學、就業都需要透過考試成績來選拔的社會中，考試成績在孩子心目中無疑占有很重要的位置，它不但會影響到考生的升學就業，而且會影響到家庭、學校、社會對考生的評價。

把考試視為決定自己終身命運的「生死戰」，認為考不好就沒有前途的考生，肯定會背上過重的思想包袱，成天提心吊膽，害怕失敗，而不能專注於學習本身。一旦考生改變了思維的刻板性，認識到成才道路的多渠道性，考試焦慮是會降低的。

3. 家長保證孩子做好充分的考試準備，形成良好的考試狀態

(1) 掌握應試的技巧

要穩定情緒，全身放鬆；在答題前要瀏覽試卷，統觀全局；回答每道題前，一定要認真審題，理解題意；排列好答題順序，貫徹先易後難的原則；統籌兼顧各題，恰當分配答題時間；不忽視任何細節；注意克服定式的干擾；先求正確，再求速度；考試時能做一點就做一點，增加一分也好；做選擇題

時只要不倒扣分，儘量給出猜測選擇；合理使用時間，不要提前交卷；考完退場後，不要急於對答案。

(2) 體能和心理準備

有不少考生在考前拚命複習功課，作息時間顛倒，生理功能紊亂，睡眠不足，缺乏體育鍛鍊和娛樂活動，一門心思想在考前多往腦中灌些東西，致使大腦過度疲勞，體能下降，精力不濟，頭暈，失眠，食慾不振。所以，考生要注意充足的睡眠和進行適當的體育鍛鍊，而且考生要適當多吃些富含蛋白質、維生素的食物，如肉、魚、蛋、新鮮蔬菜、水果等，以保證有充分的體力，同時也要避免高脂肪、高蛋白等營養品的過量攝入，造成消化不良和腸胃功能紊亂，體能不僅沒有增強反而下降。

(3) 物質準備

在考試的前一天晚上就應該準備好一張清單，列好所需要的所有物品，全部準備妥當，避免因各種準備不足而誘發的考場上的焦慮。

4. 家長要幫助孩子對怯場的有效控制

怯場是孩子在考試過程中，在考試情境與考試本身的強烈刺激下，引起孩子高度緊張焦慮，使心理活動暫時中斷或失調的現象。

怯場是考試焦慮最典型的一種，然而掌握必要的技巧，是可以順利度過這一危機的。

(1) 先易後難

考試焦慮容易發生在考試剛開始的時候，因此，考前要告誡考生，做題時先仔細審題，先易後難，逐步適應，遇到難題暫時放下，等其他會做的題目完成後，再回頭做難的題目。

(2) 自我調節

當考生意識到自己出現怯場時，不要驚慌，可以採用以下幾種方法：

①安靜下來，暫停閱卷、答卷，靜靜伏在桌子上稍作休息，或把目光移向窗外的景色，轉移注意力，停止有關考試活動的強制性回憶。

②可用「調整呼吸法」，即全身放鬆，多次做深而均勻的呼吸，呼吸時大腦最好排除其他雜念，雙眼注視一個固定的目標或微閉雙眼，反覆有節奏地呼吸，這樣也會很快消除怯場。

③採取「積極心理暗示」方法，進行自我暗示。如：「我能行」「我一定成功」「我這次考試肯定會取得好成績」「這次試題很難，大家都一樣」。

總之，正確的人生觀、價值觀、堅定的信念、崇高的理想、明確的學習動機、積極的學習興趣、開朗的性格、頑強的意志、良好的情緒等都有利於克服考試焦慮，而且考試焦慮並不可怕，只要觀念上對考試有正確的認識，考試之前做好充分準備，考試之中運用學會的自我調節的方法，考試焦慮是可以調適的。

三、家長要瞭解厭學的含義

作為家長要清醒地認識到孩子的厭學，關鍵在於「厭」字。「厭」是一種心理狀態：厭煩、厭倦、討厭。厭學主要是指對學習失去興趣，產生厭惡、反感、冷漠的態度或無所謂的心理傾向。厭學是孩子對學習的負面情緒表現，從心理學角度講，厭學症是指學生消極對待學習活動的行為反應模式。主要表現為學生對學習認識存在偏差，情感上消極地對待學習，行為上主動遠離學習。

發展心理學研究表明，學習活動是學齡兒童的主導活動，是兒童社會化發展的必要條件，也是兒童獲取知識和智慧的根本手段。然而，有關調查發現：有46%的學生對學習缺乏興趣，33%的學生對學習表現出明顯的厭惡，真正對學習持積極態度的僅有21%。厭學問題已成為阻礙學生身心健康發展的重要問題。

厭學情緒和逃學行為是一對攣生兄弟。厭學情緒是逃學行為的主要原因之一，而逃學行為則是厭學情緒的極端表現。人們常把逃學和厭學聯繫起來。

厭學可表現為很多種形式，如：孩子變得不愛上學，不願見老師，甚至每到上學前，孩子就喊「肚子疼」「頭痛」等；有的孩子不願做作業，一看書就犯困，即使在沒有外界干擾的情況下，注意力也常常不能集中；有的孩子雖然也在看書，卻「看不進去」；不願大人過問學習上的事情，對父母的詢問常保持沉默，或者表現出煩躁，或者轉移話題；上課時常打不起精神，課後卻十分活躍，表現為「玩不夠」。

蘇霍姆林斯基說過：「如果孩子一連得了2分，他就同自己的命運妥協了，覺得無所謂了，求知慾的火花被熄滅了，第二次點燃求知慾的火花是多麼難呀！」「只有當兒童學會重新做作業，同時產生了歡樂感和自尊心的時候，我才開始給他打分數。」所以，他提出「讓學生抬起頭來走路」的口號。這對家長是不是同樣具有啟發作用呢？

四、厭學產生的原因及家長的主要輔導方法

「厭學」現像已引起教育界，乃至整個社會的普遍重視。其實孩子厭學的原因有很多，只有清楚地認識到了這些原因，才能幫助孩子重新愛上學習。那麼，孩子厭學的原因主要有哪些呢？

（一）厭學產生的原因

孩子厭學究竟是什麼原因呢？也許有家長朋友會說：「那還不是因為他懶！那還不是因為他不愛學！」親愛的家長朋友，您說得沒錯，這些都是孩子厭學的表現，真正的原因卻需要我們來發掘。

1. 對學習的認識不到位導致缺乏學習動機

當孩子對學習缺乏足夠的認識，沒有任何需求的時候，他們是不可能熱愛學習的。部分孩子對學習意義的認識是消極的，甚至是錯誤的，他們從家庭或者社會那裡接受了某些錯誤思想，認為讀書無大用，不讀書照樣可以做生意賺大錢。由於受這些消極的思想支配，這些孩子缺乏學習動機，從而產生厭學心理。

典型案例

小強，頭腦聰明，成績中下游，原因是上課搞小動作。老師沒辦法，他自己也懊悔，但就是改不掉這個毛病。

分析：缺乏自制力、學習動機，思路緩慢不易集中注意力。

解決方法：

①上課要保持端正的坐姿，不需要動筆或翻書時，手背到後面，可幫助改掉小毛病。

②告訴他，提高學習動機，因學習動機是學習活動得以產生、維持、完成的重要動力條件，學習動機制約學習積極性，進而影響學習效果。讓他認識到小動作的危害，重視老師講的內容，提高注意力。

③把桌面收拾乾淨，以免分散注意力。經過近一年的輔導，小強基本上克服了這個毛病。

這個案例輔導，基本上是較成功的。分析解決個別同學在學習心理上的障礙，主要是透過他們的學習動機，培養他們的興趣，加強外部條件的刺激，端正態度等途徑改變他們的不良行為習慣。其效果比較顯著，學生能全部達到預先要求和目的。

2. 多次失敗體驗造成的學習無能感

基礎不佳，努力學習無效失去信心。孩子們當中也有一部分人對學習意義的認識是客觀的、正確的，他們也希望透過自己的努力來換取優異的成績。

但是，由於客觀和主觀條件的限制以及學習方法不當等原因，他們不斷的努力換來的卻是不滿意的結果。經受多次打擊以後，他們開始懷疑自己，否定自己，從而產生厭學心理。

典型案例

王某是一個高中學生，國中時學業成績在班裡都是前三名。後來升入高中後，第一次考試才考了全班第 40 名，王某很是焦慮，感到壓力很大，覺

得高中強手如林，高中的課程太難，自己不如別人，考試成績也一次比一次差，於是產生了厭學情緒。

針對上述問題，專家從以下幾方面進行瞭解答。

一是進行正確的歸因。因為孩子對自己成就情境的不同歸因，就會引起不同的認知、情緒和行為反應。合理的歸因可以提高自信心與堅持性，而錯誤的歸因會增加自卑和自棄等不良情緒和行為。家長應該告訴王某第一次考試成績不好，並不能說明自己不如別人，不要給自己太大壓力。

但他把原因歸於強手如林，課程太難，自己就不行了。高估了學習中的困難，低估了自己的學習能力，所以學習成績才會越來越差。王某應正確地認識自己，認識課程的難度，要相信自己還是原來的自己，課程也並不像自己想的那麼難，只要自己努力，一定會取得好成績。

二是設置恰當的學習目標。設置一個適合自己的學習目標，剛開始目標不要過高，過高的目標容易使孩子產生較大的心理壓力，往往造成欲速則不達；目標太低則起不到應有的激勵作用。所以目標要明確為中等難度，可以近期達到，這就要求家長不要給孩子施加過大的壓力。

每一個孩子都有不同的生活環境和生活遭遇，因此產生厭學的原因是各種各樣的：家長因孩子成績稍有下降就非打即罵，過度地追求孩子的分數；家長對孩子灌輸了不正確的人生觀、價值觀，對孩子管束不嚴導致孩子結交了不良朋友；老師對孩子有歧視或教育方法不當……這些都能導致孩子產生厭學心理，所以解決的途徑不是唯一的。但是，有一點是相同的，那就是，這些問題的解決需要家長、老師很好地配合和孩子自己的努力。

3. 人際關係不和諧形成逃避心理而導致厭學

一些孩子由於性格等方面的原因，人際關係比較差，致使同學們都不喜歡他，因此他感到學校沒意思，不願意進學校，不願意學習，從而產生厭學心理。還有一種是和任課教師有矛盾衝突，因此不願意學習本學科，造成厭學心理。當然，如果教師的教學方法不當，講課枯燥乏味，課堂氣氛沉悶，同樣是導致孩子厭學的重要原因。

4. 小學階段沒有養成良好的學習習慣，進入中學後學習低效而導致討厭學習

典型案例

丁丁是一個小學四年級的孩子，十分好玩，每次回家總是先出去玩，最後沒辦法了才寫作業，並且寫作業時拖拖拉拉的，要很晚才能寫完。

丁丁的問題主要是沒養成好的學習習慣，不良的學習習慣不是在短時間內形成的，當然也不可能一下子就能糾正過來。針對這樣的情況，專家建議：

①對丁丁的學習提出明確規律化的要求。有規律的學習和生活，有助於孩子養成良好的學習習慣。因此，家長應對孩子學習的規律化提出明確要求。

例如，要按時休息，使每天的學習活動有條不紊；要養成提前預習的好習慣，努力提高課堂聽講的效率；要針對學習中的疑難問題及時向老師和同學請教；要認真完成課外作業後，才能出去玩。父母提出的要求越明確、越具體、越有針對性，孩子良好的學習習慣才越有可能逐步形成。

②加強對孩子學習情況的檢查和督促。家長對孩子的學習提出明確要求後，要經常進行檢查和督促。對孩子學習習慣上的進步，要予以及時的鼓勵，對孩子說明這是堅持良好學習習慣的結果，以增強孩子的自信心。

5. 家庭內部長期鬧矛盾或者家庭破裂導致孩子無心讀書

當父母吵架、打架、鬧離婚時，孩子內心非常恐懼、擔心、害怕。孩子生活在這樣的情緒中會經常分心、走神，因而精力不集中，學習成績下降，甚至表現出生病的狀態來引起父母的關心，轉移他們的注意力，而父母不一定能看得懂這種種行為背後的心理原因。

6. 社會閒雜人士對孩子產生不良影響導致他們心浮氣躁無心學習

社會閒雜人士可能包括一些施暴者、搶劫者、不良青年，比如：抽煙、喝酒、沉迷遊戲、夜不歸宿者等等，可能對孩子施以某種行為，而導致孩子擔心、害怕或者被誘惑而無心學習。

7. 以消極的態度、情感對待學習生活

這種產生厭學情緒的原因，我們將之理解為對於追尋學習上的自我價值無果的一種逃避行為。

典型案例

小王上道德與法治課常走神，問他原因，答：想認真聽，不由自主走神，其他課也如此，嚴重影響學習，自己不能克服。

無興趣，也無學習熱情，這是誘發厭學的重要原因之一。

我們可以制定這樣的輔導方案：

①改善學習環境，告誡他桌面不要放絢麗的文具，放置簡樸文具，防止注意力的分散，在近6個月這樣的輔導下，一般會效果比較顯著，上課走神的次數和時間也會大幅減少，基本能夠克服這種障礙。

②要培養上課的熱情和興趣，老師上課時可以時常提醒他，創設合適的問題情境，讓他參與有趣的課堂遊戲，逐漸培養他學習的興趣。

（二）家長對厭學孩子的主要輔導方法建議

1. 自我認識，找準原因

(1) 不良的社會文化環境

(2) 不良的家庭教育環境

(3) 不良的學校環境

(4) 孩子自己的不良心理因素

學習目的不明確；學習跟不上要求，喪失了應有的自信心；人際關係不協調；逆反心理嚴重。

2. 控制外因，創造良好的學習環境

家長實施獎懲要注意以下幾個原則。

(1) 淡化獎賞的外部控制作用

由於過於強調得高分給獎賞可能會降低孩子的自信心,有時反而會使他們厭惡分數,降低對學習的興趣。

(2) 獎賞要與孩子實際付出的努力相一致

(3) 獎賞要以精神獎勵為主,物質獎勵為輔

家長的鼓勵和微笑等精神獎勵比物質獎勵更為重要。

(4) 注意懲罰對學習動機的影響

切忌體罰孩子,堅持正面教育。

3. 歸因訓練,建立正確認識

歸因訓練是針對孩子在學業成敗情境中的歸因障礙而設計的干預計劃。具體步驟是家長講述一個主人翁因為缺乏努力而無所作為的故事,然後結合故事,和孩子討論以下問題:

①學習潛力的開發,首先建立自信心;

②努力程度對成功的重要性;

③還需改變學習方法,接受同學及老師的幫助。家長講述成功的「案例」,討論成功和失敗時應正確對待自己,並運用表3進行歸因訓練。

表3　行為歸因記錄表

記錄人:

日期	事件及結果	積極歸因	這種歸因對我的影響		心得
			行為	情感	

4. 建立自信

(1) 自信訓練

創建成功的機會,讓孩子獲得成功的體驗;舉例成功的榜樣;在自身進步中體驗到成功。

(2) 角色轉換

如讓孩子擔任較低年級的家長角色,可以提高他們對自己的積極看法、責任心等,從而激發孩子努力學習的願望。

5. 確立目標,制定學習計劃

幫助孩子進行自我分析,確定學習目標。科學安排時間,制定計劃。

(1) 合理安排時間,和孩子一起將一天中可以自由安排的時間分為幾段進行合理安排

(2) 制定計劃(孩子學習計劃表)

(3) 制定行為契約,及時給予反饋

表4　孩子學習計畫表

日期	早晨起床到上學	上午放學到下午放學	下午放學到吃完晚飯前	吃完晚飯後到睡覺

典型案例

行為契約

我，×××

同意嚴格按照學習計劃表認真學習，並接受×××的監督。如果由於自己的原因導致沒有遵守學習計劃，則甘願不接受×××的獎勵。

簽字：

孩子：××× 家長：×××

年　月　日

行為契約

我，×××的家長

同意接受×××的以下要求，不占用其學習時間。

在非學習時間給其充分玩的自由，不干涉其看電視、玩遊戲等。

認真監督×××學習計劃的執行。

如果其按照學習計劃，每堅持一天就給他計 1 分，滿 10 分可獎勵一雙運動鞋。滿 100 分帶他外出旅遊一次。分數可以累計，但使用過的分數不計算在內。

簽字：

家長：××× 孩子：×××

年　月　日

6. 增強能力，加強信心

向孩子介紹各種學習方法，並進行討論後實施。循序漸進，不可貪多求快。提供經常性回饋，幫助孩子學會應用所學方法。根據厭學對象的實際情況，家長或班導師可以選擇一兩門較容易的學科，讓其突破，主要提高孩子學習的能力，增強其信心。

第九講 職業生涯規劃與目標追求

　　職業生涯規劃通俗地說就是一個人的人生到底要去向哪裡，我現在在哪裡，我要如何去。現實一點就是孩子讀文科還是理科，大學志願填什麼科系才是比較恰當的。如果一個人很清晰地知道他在人格上適合做什麼，在興趣上熱愛什麼，在能力上擅長什麼，有什麼樣的職業能夠滿足其在事業與財富、關係與健康上的需要，並能夠在一條學、行、傳的道路上與一個靈魂團隊一起，為自己的人生使命與價值而奮鬥，那麼這個人的一生就將朝著他的目標直線向前，少走很多彎路。

　　在我們父輩的那個年代，大家關注的是生存；在我們自己現在這個年代，多數人關注的是生活；而現在無數的青少年學生卻在問一個問題，人生到底有什麼意義和價值，他們已經開始關注生命。職業生涯規劃到底要關注哪些因素，如何做才能少走彎路，請仔細閱讀本章內容，它一定能夠幫助你和孩子。

一、兒童職業生涯規劃的必要性

　　其實，職業規劃要從兒童成長的早期開始。在物質豐盈的今天，重視家庭教育的年輕父母可以為孩子創造無可比擬的生活條件和成長環境，但大愛無邊，施之有道，如何讓孩子不僅擁有「快樂的童年」，也同樣能擁有「幸福的成年」？這就需要父母們不僅要關注孩子的學習成績，更要多與孩子在興趣能力、生活方式等方面進行交流。如何讓孩子從小就知道自己喜歡做什麼、適合做什麼、能夠做什麼，讓他們以獨立清醒的頭腦面對豐富多彩的世界，這是擺在父母面前的一道新的題目。

　　學習「兒童職業規劃」無疑是父母送給孩子最美的禮物，在孩子成長的道路上，給予他們獨立行走的雙腳和充滿智慧的頭腦，讓孩子在輕鬆的學習成長中演繹自己的青春滋味，致敬自己精彩的童年時光。待他們成熟時，取得應有的成就和事業天地，快樂的是孩子，欣慰的是家長，感謝的是兒童時期所做的職業規劃教育。

那麼如何制定兒童職業生涯規劃呢？父母們必須以前瞻性的視角看待這個問題並展開相關學習。相信「有規劃的童年，成長才會更輕鬆」！

（一）愛的責任——兒童有必要做職業生涯規劃嗎？

美國教育心理學家布魯納說過，學習一門學科並不僅僅是學習該學科的知識，而是習得這一學科的思維方式，理解學科的思想。學習兒童職業生涯規劃也是一樣，它不是去給孩子制定一個詳實的成長計劃，而是學會去用規劃的視角看家庭教育中的問題，引導孩子關注未來發展，鼓勵孩子多接觸外界社會，培養和完善其健全的人格及良好的溝通表達能力。

兒童的職業生涯規劃不是鼓勵家長獨斷專行地把自己的願望強加在孩子身上的過程，也不是把自己未完成的美好願望投射在孩子未來的成長發展中，而是需要家長和孩子一起合作的課題。比如透過親子閱讀和自我覺察訓練來增強兒童的自我認知能力；有意識地引導兒童將當下的學習目標和未來的職業發展建立聯繫，建立透過學習而獲益的意識……這些都是兒童職業規劃涉及的問題。家長們理解了職業規劃的理論和思想，掌握了做規劃和決策的工具及方法，那麼在孩子的未來職業規劃教育上就能有的放矢，給予行之有效的輔導和支持。

（二）聚焦未來——兒童職業生涯規劃對未來的影響

現在有很多大學生，在經歷了12年嘔心瀝血的備考，終於在進入大學之後，才有機會意識到，自己所學的科系自己並不喜歡。而造成這種局面的原因，和我們的義務教育體系內一直缺乏職業規劃輔導不無關係。在孩子步入社會前的十幾年中，無論是學校教育還是家庭教育，都沒有認真地、科學地、系統地為孩子們進行過專業選擇決策能力或職業訊息收集能力的培養。

很多人都是在填志願的那幾天匆忙地就決定了一生中最為關鍵的職業選擇。這就好像是沒有戀愛、沒有相處，僅憑藉約會軟體的幾句介紹就結婚了一樣，所以大學校園裡才會有那麼多人感嘆主修好似雞肋，職場上又有那麼多的人整天在思索著如何「離婚」、如何找到更好的「婚姻」。

一、兒童職業生涯規劃的必要性

　　如果在童年階段，就讓孩子認知各種行業和職業，在青少年階段和孩子一起討論幾個專業方向和職業目標，逐步培養一些自我認知能力和決策能力，孩子自然會發展出對某些專業的興趣和關注，讓孩子從小與未來的職業目標「青梅竹馬」地培養一段感情，那麼他們將來在專業領域和職業選擇上就會如魚得水，應對自如了。

（三）著眼當下──兒童職業規劃在當下的好處

　　如果未來的效益太遙遠，不足以打動孩子的話，那麼你也可以試試著眼孩子職業規劃在當下的價值。現在有很多孩子處於「被動學習」的狀態，家長們辛辛苦苦帶著孩子奔波於各種才藝學習班中，孩子們則在各種名目的「興趣培養」活動中怨聲載道──因為他們在為考證照而學，為了父母的期望而學。而如果孩子有了大致的職業目標和方向，就能很快建立因學習而獲益的意識，對於學習效果的提高也是有百利而無一害。

　　如果一個孩子在小時候從來沒有正式學習過繪畫，當他10歲的時候，忽然對時裝設計師這個職業產生了興趣，那家長就可以與其一起研究，作為一名時裝設計師需要什麼能力？然後發現，學會素描是一項必備的技能。於是孩子就會主動要求，開始學習素描。哪怕學的時間不長，技法也相當幼稚，但是對於職業目標的嚮往的確可以使孩子對素描這件事產生自發的興趣，並且堅持下來。也許孩子終究不會成為一個設計師，也許他將來要從事的職業今天甚至都還沒有出現，但無論他將來做什麼，今時今日對繪畫、對審美的興趣和學習的過程都會讓他終身受益。

（四）兒童職業規劃是父母送給孩子最好的禮物

　　現代企業的人力資源普遍認為，職場新人們欠缺的不僅是專業知識，更重要的是就業心態，也就是擇業觀。如果父母能夠引導孩子從小就進行生涯規劃，必將深遠地影響到孩子的學習習慣、職業意識、決策能力等綜合素質的養成。家長指導孩子，讓孩子自己設計成長手冊。

　　透過這種方式，可以將家長、老師等外在的抽象的評價轉變成孩子對自己的全面素質的評價，有利於孩子產生自主規劃、自我管理的需要，可以引

163

導孩子自己設定生涯目標、自己分析成長環境、自己尋找成長動力、評價自己的成長狀況，使孩子的成長過程變成一個積極主動的自我規劃、自我管理的過程。

在西方的很多國家，職業規劃的思想從幼稚園教育就開始滲透了。很多幼稚園都有家長義工，定期給小朋友們介紹自己的職業，讓孩子們理解不同的行業和職業有什麼特點。美國從小學開始就有職業指導課，孩子們從小就參加各種各樣的志願者活動，為自己將來要從事的工作積累知識和技能。

在亞洲的日本，也是從小學就開始提供兒童職業生涯輔導，旨在增進兒童的自我覺察，培養正確的職業觀念和工作態度，讓學生瞭解教育與未來職業之間的關係及學習做決定的技巧等。

今天大家都在呼籲「教育公平」，但事實上，無論在哪個國家、無論在哪種教育體制內，那些由不同的家庭教育帶給孩子的素質差異，對孩子而言才是最深刻的「不公平」。

作為可靠的家長，學習一下兒童職業規劃吧，以科學、理性的思維和孩子一起討論人生的理想，幫助孩子瞭解自己的個性特點和興趣特長，和孩子一起朝著人生的夢想努力——這才是我們能送給孩子的最好的禮物。

二、認識職業生涯規劃

（一）理解職業生涯

「職業生涯」一詞譯自英文單詞「career」，也有人將其譯作「生涯」，根據《牛津詞典》的解釋還有「道路」之意，可以引申為個人一生發展的路徑。綜合學者對職業生涯規劃的不同定義，我們總結為：職業生涯規劃是指個人與組織相結合，在對一個人職業生涯的主客觀條件進行評定、分析、總結研究的基礎上，再對自己的興趣、愛好、特長、能力、已有經歷及不足等各方面進行綜合的分析與權衡，結合時代特點及自己的職業傾向，確定出一個最佳的職業奮鬥目標，並為實現這一目標做出行之有效的安排計劃。它是一個

動態、發展的概念，包含著個人對職業的選擇、轉變，職務的晉升和下降，職業發展不同階段的成功與失敗等變化，以及事業發展變化的動態過程。

（二）職業生涯的影響因素

一個人的職業生涯，首先是選擇要走的職業道路，進而是能否獲得成功和取得多大成就的問題。職業生涯順利與否、成功與否的因素包括以下幾個方面。

1. 教育背景

不同受教育程度的人，在個人選擇職業的時候，具有不同的能量，這關係著職業生涯的開端與適應期是否良好度過，也關係著他以後在職業發展方面是否順利。其次，每個人所接受教育的專業、職業種類，對於其職業生涯有著決定性的影響，在大多數情況下會成為其職業生涯的前半部分甚至於一生的職業類別。

所以孩子的教育背景很重要，孩子未來所接受的不同等級的教育、所學的不同學科門類、所在的不同院校以及接受的不同教育思想，會帶給受教育者不同的思維模式與意識形態，從而使孩子在未來成長中以不同的態度對待自己和社會、對待職業的選擇與職業生涯的發展。

2. 家庭影響

家庭環境和家庭成員的關係是造就孩子人格素質乃至影響職業生涯的主要因素之一。

3. 個人的需求與心理動機

職業生涯的選擇主要來自孩子對職業的渴求和熱愛，其中等程度的動機水平完成任務的效率是最高的。所以我們在對孩子進行職業生涯教育的時候，要根據孩子的心理需求來設定目標，目標任務難度要適當，不斷培養和激發孩子追求成功的信心和意志。

4. 社會環境

社會環境，一方面指社會的政治經濟形勢，涉及人們職業權利方面的管理體制、社會文化習俗等大環境；另一方面還指孩子所在的學校、社區、家庭關係、個人交際圈子等小環境。這些環境因素一起決定著孩子具體活動的範圍和內容，也在一定程度上決定了孩子職業生涯的具體際遇，所以古有「孟母三遷」。

（三）職業生涯規劃的核心要素

職業生涯規劃的基本步驟包括：確定方向，準確評估，選擇職業（專業），設定職業生涯目標（短期、中期、長期），制定行動計劃與措施，執行，評估與反饋、修正與調整。而一直貫穿其中的核心要素就是：知己、知彼、決策和行動。

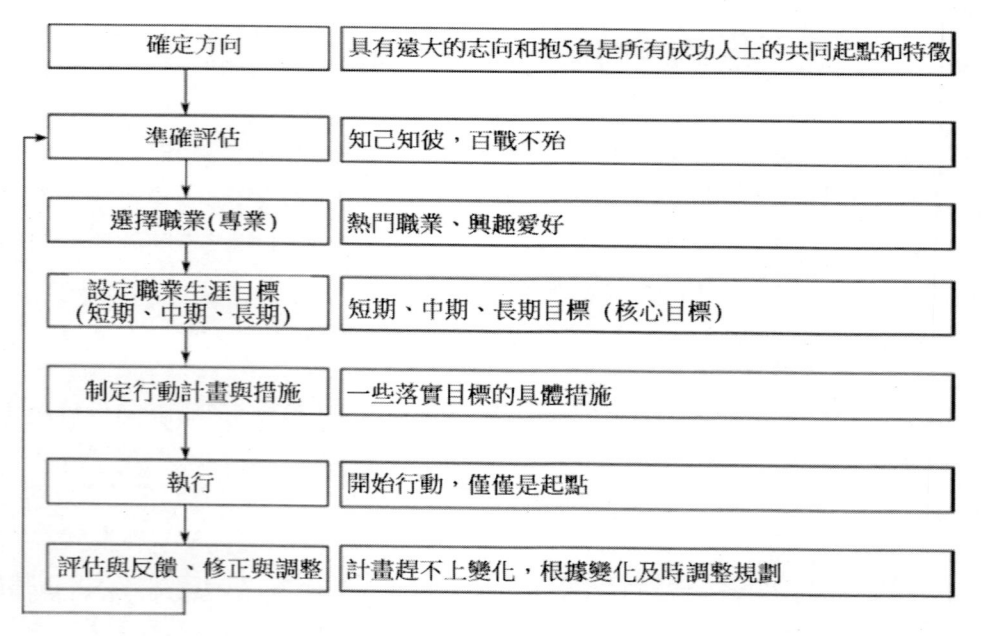

確定方向	具有遠大的志向和抱負是所有成功人士的共同起點和特徵
準確評估	知己知彼，百戰不殆
選擇職業(專業)	熱門職業、興趣愛好
設定職業生涯目標（短期、中期、長期）	短期、中期、長期目標（核心目標）
制定行動計畫與措施	一些落實目標的具體措施
執行	開始行動，僅僅是起點
評估與反饋、修正與調整	計畫趕不上變化，根據變化及時調整規劃

圖13　職業生涯規劃的主要流程圖

三、如何進行職業生涯規劃

（一）自我剖析的家庭教育——知己

孩子對於自我的全面認識、對自己完成任務的信心程度在個人的職業生涯發展中起著基礎的核心作用。其重點是家長要引導孩子認清自己的能力和特長、瞭解自己的興趣及對環境的偏好等等，目的是達到「自知之明」的境界，明白自己的優勢和劣勢，從而準確地規劃職業。孩子的未來職業生涯只有建立在客觀、全面、準確、深入的自我剖析基礎上，才能制定出可行性和持續性的職業目標與發展路徑。

1.「知己」需要瞭解的具體內容

性格：我是什麼樣的人，內向還是外向？

價值觀：我想要什麼？什麼是最吸引我的？金錢？親情？社會地位？名譽？

興趣：我喜歡什麼？我願意做什麼？做什麼事情的時候能讓我感覺很愉快？

能力：包括一般技能、人際交往能力、表達能力、決策能力、專業技能以及天賦才能。

資源：我擁有哪些可利用的資源？

優勢劣勢：以上因素的總體評價，哪些是有利的，哪些是不利的？

2. 幫助孩子認識自我的方法

(1) 自我或他人評價

俗話說：「當局者迷，旁觀者清。」當我們不太瞭解自己的時候，可以透過思考別人眼中的自己（尤其是家庭關係中的自己）是什麼樣子的，他們覺得我是一個怎樣的人，我適合做什麼，來間接認識自己本真的樣子，有助於更客觀地瞭解自己。

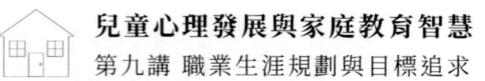

爸爸眼中的我	兄弟姊妹眼中的我	自己眼中的現實我
媽媽眼中的我	同學(朋友)眼中的我	理想的未來我

圖14　家庭關係中的我

(2) 職業測評

在職業規劃領域，應用得最多的還是專業的測評技術。家長可以在需要的階段，領著孩子到相關諮詢所測試一下職業傾向。正式評估是採用結構化、標準化的測量工具來進行的評估，它給出的評估結果既是定性的，也是定量的。主要的評估工具按照測評目的有以下幾種。

職業興趣測驗：霍蘭德職業興趣量表、庫德職業興趣調查表。

能力傾向測驗：又分多重能力傾向測驗和特殊能力傾向測驗，後者包括美術能力、音樂能力測驗。公務員行政能力考試也是一種多重能力傾向測驗。

人格測驗：明尼蘇達多項人格測驗(MMPI)、卡特爾16PF人格問卷、艾森克人格問卷(EPQ)、投射測驗（羅夏墨跡測驗、主題統覺測驗）。

(3) 兒童職業生涯規劃教育的幾個認知遊戲

職場教育專家在職業指導時發明了一些自我認識的小遊戲，家長可以在兒童職業生涯規劃教育時和孩子一同來完成，既促進了親子互動，又激發了孩子的職業熱情。

①遊戲1：我的五把金鑰匙（探索並修正孩子的價值觀）

第一步，在紙上畫出五把鑰匙，請孩子在紙上端鄭重地寫下自己的名字，比如「李俊杰的五把金鑰匙」。名字一定要寫，因為這是特別的歸屬，它代

表著孩子獨特的記憶、愛好和希望。所以這五把鑰匙不是別人的，就是孩子自己的，它們能幫助孩子更有力量地向前走。

第二步，請孩子靜靜地思考，現在他正走在人生的道路上，路上有靜謐的森林、汪洋的大海，還有一望無際的公路和繁華的都市等，他需要走過這些風景，去一路追尋幸福的方向。在他目前的生活中，有哪些資源是他認為比較有價值的，而且可以幫助他、讓他更有力量地向前走，並且在前進的道路上，遇到一些挫折和困難，可以用這些鑰匙來解決問題的？請孩子把這五把金鑰匙寫下來，並且自己欣賞。

第三步，請孩子來分享，為什麼想到這五樣？為什麼這五把鑰匙能幫助他開啟未來美好生活的大門呢？

第四步，家長帶著孩子一起總結這五把金鑰匙的功能，正確引導孩子使用鑰匙，並鼓勵孩子善用資源、勇敢追求美好的生活。

注意：

A. 這個遊戲還可以讓孩子叫上幾個朋友一起來分享，透過大家的分享，啟發孩子的思維；也可以家長和孩子一起做，家長也分享自己的五把金鑰匙，修正孩子的價值觀。

B. 分享完這五把鑰匙之後，家長還可以帶著孩子，告訴他們現在必須去掉一把鑰匙，並用筆狠狠地塗掉，直到看不清字跡或成為黑洞。家長要告訴孩子：「『人有旦夕禍福，月有陰晴圓缺』，現在你的人生出了點意外，使你生命中的五把金鑰匙丟失了一把，所以你必須要捨棄一樣。你必須這樣做才能繼續你的人生，因為這是上天的安排，是我們每個人都不可避免要遇到的情況，這就是人生。」當孩子塗掉了一樣之後，要求他們再塗掉一樣……直到剩下最後一樣。

注意在操作的過程中，家長要照顧孩子的情緒，和孩子講清楚為什麼要這樣做。最後帶著孩子，一起重新回到陽光明媚的現實生活中。

待情緒平復後，和孩子分享，這五把鑰匙是自己的最愛嗎？真的是我們不惜犧牲自己也要保留的鑰匙嗎？如果是，那麼，孩子們為獲得這把鑰匙，

都做了哪些努力呢？到目前為止，他們做得如何？想一想有沒有一些事是他們一直想做卻一直沒有做的呢？再問問孩子，是否為自己開始擁有這五把鑰匙而感到無比幸福和自豪？最後，告訴孩子在他們難以做決定的時候，請想想他們的五把金鑰匙。「細心地呵護你的鑰匙，因為它們在幫助你。同時，你也要努力地守護它們。」

透過這個遊戲，讓孩子認識自身的資源和能量，提前感受選擇和取捨的過程，修正價值觀念。

②遊戲2：我的墓誌銘——我想成為什麼樣的人？

如果有一天，我們躺在了殯儀館裡，你希望別人懷念你什麼呢？你希望留給後人什麼值得紀念的東西呢？你希望別人在你的墓碑上寫上什麼樣的評價呢？或者你打算寫一篇什麼樣的墓誌銘呢？

當有一天我們躺在殯儀館裡，外面世界的一切已經與我們漸行漸遠，不管是什麼樣的評價也不重要了。但是，當我們離開的時候，為了告別人生最後的尊嚴與責任，我們是否從現在開始就應該做些什麼呢？

請孩子拿出紙和筆，在左側寫下他的人生角色：

A. 一個好丈夫（妻子）

B. 一個好父親（母親）

C. 一個好兒子（女兒）

D. 一個好朋友

E. 一個好鄰居

F. 一個遵紀守法的好公民

G. 一個樂於助人的人

H. 一個才華橫溢的人

I. 一個有號召力的人

……

寫好之後，從左至右再畫兩欄：一欄是「我希望他人如何評價和懷念我」，一欄是「我從現在開始應該怎樣做」。

請孩子根據這個清單，對自己現在及未來要扮演的人生角色，制定出行動計劃來。

「生命只有一次，歸根到底，其實不是你在詢問生命的意義何在，而是生命在提出質疑，要求你回答存在的意義為何。也就是說，我們都要對自己的生命負責。」

③遊戲3：我的生命線

生命線是每個人都有的東西，也是代表每個人一生所走過的路。這個遊戲就是要畫出你人生的路線圖。

<1> 遊戲前準備

請準備好一張白紙和一盒彩色鉛筆，鉛筆要有鮮艷的顏色，也要有較暗的顏色。

在紙的中部，從左至右畫一條長長的線，在最右端加上箭頭，使其成為有方向的線，如下：

在線的左側寫上0，在右方，即箭頭旁邊，寫上你為自己預計的壽數，可以寫78，也可以寫108。這條線就代表了你的生命的長度，有起點，有終點。

接著在紙的最上方寫上自己的名字，再加上「生命線」三個字。準備工作結束。

<2> 開始遊戲

請按照你為自己規定的生命長度，找到你目前所在的點。比如你打算活到75歲，你現在只有15歲，你就在整個線段的大約五分之一處做個標記。

171

之後，請在你標記的左邊，即代表過去的歲月，把對你有重大影響的事件用筆標出來，比如你 8 歲開始上學，10 歲加入童子軍，12 歲獲得畢業生市長獎等。

注意，如果你認為是快樂的、鼓勵你的事情，就用鮮艷的顏色標出來，寫在生命線的上方，越快樂的事就寫得越高些；如果你認為是不愉快的、傷心的事情就用暗淡的顏色標出來，寫在生命線的下方。以此記錄下來過往的經歷，用不同顏色的筆和不同位置的高低，記錄自己在今天之前的生命歷程。

過去時的部分已經完成，帶著孩子一起看看，在對他有影響的重大事件中，是橫線上方的事件多，還是下方的事件多？還要分享孩子對每件事情的感受和評價。家長注意，這個過程不是窺探孩子的隱私，而是梳理孩子的成長事件及孩子對事件的理解和評判，完善孩子的世界觀，彌補孩子成長中的缺憾。

完成了過去時，就要進入將來時了。把自己一生的想法和規劃都在生命線的後半部分畫出來，這時孩子可能會有些迷茫，不清楚該在哪裡寫些什麼，這時就需要父母耐心地引導和指導了。父母首先要引導孩子對未來進行設想，如他對自己未來的期待是什麼，然後要指導孩子對未來有正確的認識，介紹各種職業和發展情況，以供孩子參考和選擇。

當然，也要強調在未來的職業生涯中，還有挫折和困境，比如父母的逝去、孩子離家讀書、職場或事業上的挫折等等，用黑筆將這些事件標註在生命線的下方，這樣的生命線才稱得上完整。這樣做，是提前教育孩子，生命不只是要經歷成功和收穫喜悅，也要經歷磨難和痛苦，所以我們要提前預設好情境，培養孩子的心理承受能力。

家長透過「生命線」的遊戲，教育孩子認識生命最寶貴之處並不在於它的長度，而是它的寬度和廣度。如果我們能精彩地過好每一分鐘，那麼人生也必定是精彩的。

同時，讓孩子認識到生命線不是掌握在父母手中，也不是老師手中，它是牢牢地掌握在他們自己的手中，無論生命線是長還是短，每一筆都由他們來塗畫。

（二）職業生涯規劃的社會體驗教育——知彼

近年來，各地陸續開設了「職業體驗城」，小朋友可以在體驗城內嘗試進入醫生、護士、消防員、警察、演員、記者、汽修工、漢堡外賣員等成人職業，而每個體驗館都有各自的主題和特色，如醫院包括急診室、手術房、育嬰室、診斷室等；汽車中心從考駕照到銷售、維修，甚至還有加油、洗車……

儘早帶領孩子體驗職業可以提前適應職業角色，並且提前選擇自己所喜歡的行業。當然，孩子自己體驗是一方面，家長也要將社會環境分析、組織環境分析及當前市場狀況分析告訴給孩子們，使孩子們心中有數，在職業選擇和生涯發展中做到知己知彼，百戰百勝。

如果孩子的周圍沒有這樣的體驗館也沒有關係，父母可以透過帶著孩子常去觀察各行各業的形態、體驗生活、領悟職業內涵，來提高孩子對社會的認知能力。同時家長的職業態度，對孩子未來的職業選擇影響也很大。家長以身作則，保持樂觀、積極和敬業的職業態度，也有利於孩子養成良好、健康的職業態度。

陸士楨對從孩子開始的人生職業起步表示認同。「每位家長都毫無保留地為自己的孩子付出、奉獻，但大多家長對孩子真正需要的成長方向卻一無所知。」

陸士楨向記者列舉出現存「填鴨式」教學的弊病：當前以分數定專業的學習模式抹殺了學生其他方面的內在潛能；高分低能生比比皆是；高材生懂學習卻不懂生活，畢業後對社會無從適應；等等。

「事實上，社會才是真正的課堂，真實的生活體驗是任何華麗的言語都無法比擬的。因此，教育過程中要寓教於樂，理論學習要結合生活體驗，讓孩子儘早在社會體驗中適應，這對他們的個性化成長、創造力提高很有幫助。」

（三）確立目標的行動力教育──決策和行動

典型案例

在非洲撒哈拉沙漠中有一個叫比塞爾的村莊，它靠在一塊 15 平方千米的綠洲旁，村裡從來沒有人走出過大漠，他們認為：「從這裡無論向哪個方向走，最後總是回到出發的地方。」此事引起了英國皇家學院院士肯·萊文的關注。

1926 年，肯·萊文來到畢塞爾村莊，並嘗試著向北走，結果三天三夜的時間就走出了沙漠。院士想：「為什麼世世代代的比塞爾人始終走不出那片沙漠？」

因為比塞爾人根本不認識北極星，所以在茫茫大漠中，沒有方向指引的他們只能憑感覺向前走。然而，在一望無際的沙漠中，一個人若是沒有固定的目標，沒有固定方向的指引，他會走出許許多多大小不一的圓圈，最終回到他起步的地方。就好像我們的人生，如若沒有一個明確的目標，往往會原地踏步，很難取得成功。後來，肯·萊文把認識北極星的方法教給了當地的居民，比塞爾人也相繼走出了他們世代相守的沙漠。

如今的比塞爾已經成了一個旅遊勝地，每一個到達比塞爾的人都會發現一座紀念碑，碑上刻著兩行醒目大字：「生活從選定方向開始，人生從確定目標起步。」在浩瀚的天際，並不是每顆星都能帶領我們走出沙漠，北極星才是我們跟隨的目標，只要找準這個目標、堅定不移地向著這個目標前進，最終將走出沙漠。

同樣，美國哈佛大學一個非常著名的關於「目標對於人生影響」的跟蹤調查，同樣說明了明確的目標對於人生影響的重要性。

典型案例

這個調查的對象是一群智力、學歷、環境等條件都差不多的年輕人，調查結果發現：27% 的人沒有目標；60% 的人目標模糊；10% 的人有清晰但

比較短期的目標；3% 的人有清晰且長期的目標，並能把目標寫下來，經常對照檢查。

25 年的跟蹤研究，他們的生活狀況和分布現象十分有意思：那些占 3% 的，是 25 年來幾乎不曾更改過自己的人生目標，朝著同一方向不懈地努力的人。25 年後，他們幾乎都成了社會各界的頂尖成功人士，他們中不乏白手創業者、行業領袖、社會精英。占 10% 的那部分年輕人，大都生活在社會的中上層。

他們的共同特點是，那些短期目標不斷被達成，生活狀態穩步上升，成為各行各業不可或缺的專業人士，如：醫生、律師、工程師、高級主管等等。占 60% 的目標模糊的人，幾乎都生活在社會的中下層，他們能安穩地生活與工作，但都沒有什麼特別的成績。剩下的 27% 是那些 25 年來都沒有目標的人群，他們幾乎都生活在社會的最底層，他們的生活過得不如意，常常失業，靠社會救濟，並且常常都在抱怨他人，抱怨社會，抱怨世界。

從比塞爾村莊的故事和哈佛大學的調查中可以看出，目標對人生具有巨大的導向作用，也就是說，有什麼樣的目標就會有什麼樣的人生，就會有什麼樣的成就。那應該如何幫助我們的孩子制定科學有效的目標呢？主要可分四步：目標設定、目標檢測、目標分解、確定行動步驟。

1. 目標設定的 SMART 方法

目標的制定依據不同孩子的需求，有很多種方法。這裡我們主要講一個普遍適用的方法——目標設定的 SMART 方法。這個方法不僅可以有效地幫助孩子們制定目標，而且制定出的目標也較易完成。下面就給各位家長介紹一下 SMART 方法。

使用 SMART 方法，首先要知道每個字母所代表的意思。

① Specitic：具體的，明確的，不能含糊不清的。

② Measurable：可以量化的，能度量的。

③ Achieveable & Challenging：可達到但必須有一定挑戰的。

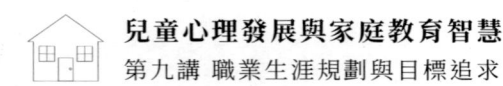

④ Rewarding：目標需要有一定意義，有價值的。

⑤ Time-Bounden：有時間限制。

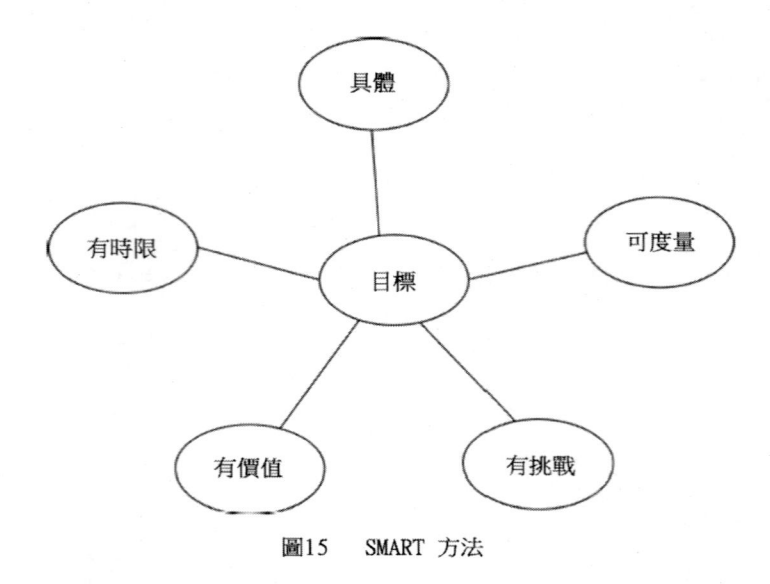

圖15　SMART 方法

2. 目標檢測表

制定了目標，我們就要對目標進行檢測。這個檢測也是建議父母協助孩子一起完成的。有時孩子會有很多想法，如果父母在第一時間就反對的話，會打消孩子的積極性，這時，家長就可以拿出下面這個表格，讓孩子們根據自己設定的目標來檢測一下了。

表5　目標檢測表

檢測項目	得分				
	5分	4分	3分	2分	1分
你最親近的人支持你的程度是？	非常支持	支持	一般	反對	堅決反對
這個計畫有多少成分來自你的內心？	100%	80%	60%	40%	20%
這個計畫對你的重要程度有多大？	100%	80%	60%	40%	20%
這個計畫與你的其他重要目標的衝突有多大？	沒有	一點	有些	很大	極大

續表

檢測項目	得分				
	5分	4分	3分	2分	1分
如果遇到重大困難你會放棄嗎？	一定不會	不會	不好說	也許	會
你會為這個計劃做出必要的犧牲嗎？	當然	盡量	不好說	一般不會	不會
這個計畫符合你的價值觀嗎？	非常符合	符合	不太符合	不符合	極不符合

　　根據上面的目標檢測表，如果孩子的得分小於21分，父母最好建議孩子放棄目前的計劃；如果孩子的分數大於21分，小於28分，父母可以說「你應該再想一想你的計劃，不用著急行動」；如果孩子的分數超過30分，那麼你還等什麼？趕緊支持吧！

　　3. 目標分解

目標分解是指將總目標分解成若干個階段目標。著名的心理學家史蒂文‧里希說：「將目標分解成若干個可以實現的部分，不但能增加立竿見影的效果，而且能減少付出的代價。」

典型案例

1984 年，在東京國際馬拉松邀請賽中，名不見經傳的日本選手山田本一出人意料地奪得了世界冠軍。當記者採訪他時，他告訴了眾人這樣一個成功的祕訣：我剛開始參加比賽時，總是把我的目標定在四十多公里外終點線上的那面旗幟上，結果我跑到十幾公里時就疲憊不堪了，我被前面那段遙遠的路程給嚇倒了。

後來，每次比賽之前，我都要乘車把比賽的路線仔細地看一遍，並把沿線比較醒目的標誌畫下來，比如第一個標誌是銀行；第二個標誌是一棵大樹；第三個標誌是一座紅房子……這樣一直畫到賽程的終點。比賽開始後，我就以百米的速度奮力向第一個目標衝去，等到達一個目標後，我又以同樣的速度向第二個目標衝去。四十多公里的賽程就這樣被我分解成這麼幾個小目標輕鬆地跑完了。

山田本一的話令人深思。看來，輝煌的人生不會一蹴而成，它是由一個個並不起眼的小目標的實現堆砌起來的。讓孩子把目標化整為零，用一個個小的勝利去贏得最後的大勝利吧！

4. 確定行動步驟

當我們確立了目標，進行了評估，將大目標分解成若干個小目標之後，就要開始行動起來，指導和鼓勵孩子去一個一個實現目標了。

其中行動的過程也包括階段反饋和目標的修正。經過選定職業生涯路線，積極行動實現其目標後，由於外界環境和自身素質產生的變化，有必要在經過一段時間，尤其是因素變化的時候，重新對自我進行剖析和評估，透過訊息反饋，幫助孩子對自己的職業生涯目標進行修正。

行動要求：擬訂一份細緻的時間計劃表，擬訂一份可能遇到困難的情況列表，制定預期障礙的應對策略。

孩子所做的每個計劃，都對其進行對應的具體計劃要求，久而久之，孩子在不斷訓練中就學會了做計劃，從而培養了孩子的應變能力和全面思考的能力。

（四）職業生涯發展的五個技巧

下面五個職業生涯發展的技巧，既是分享給家長的，也是分享給孩子們的。希望孩子在快樂成長的同時，也能健康發展，擁有美好的未來。

(1) 在職業生涯發展的道路上，重要的不是你現在的位置，而是邁出下一步的方向。

(2) 職業生涯的發展：只要開始，永遠不晚；只要進步，總有空間。

(3) 在職業生涯發展道路上，只要不放棄目標，每一次挫折、每一次失敗都是有價值的。

(4) 成功的人和不成功的人就差一點點：成功的人可以無數次修改方法，但絕不輕易放棄目標；不成功的人總修改目標，就是不改變方法。

(5) 只有暫時沒有找到解決方法的困難，沒有解決不了的困難。

四、生命事業的七個因數

無論是家長還是孩子，要想從工作事業上獲得一生的幸福，在職業生涯規劃上就必須儘量滿足以下七個因數。

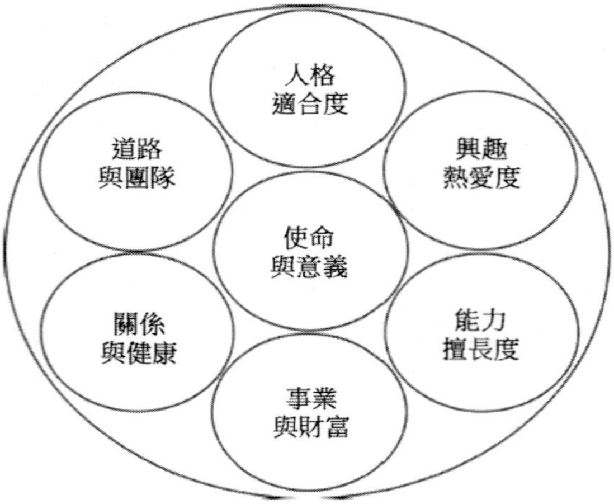

圖16 生命事業的七個因數

（圖中文字：人格適合度、興趣熱愛度、道路與團隊、使命與意義、能力擅長度、關係與健康、事業與財富）

1. 人格適合度

每個人必須根據自己的人格特點與個人屬性去選擇職業，只有適合的才是最好的。如果你是魚，那就適合到海裡游；如果你是鳥，你就適合在天上飛。

2. 興趣熱愛度

生命事業不是有興趣就可以，而必須是熱愛才能達成，因為興趣雖然是最好的老師，但只有熱愛才具有最強勁的動力。正如愛迪生所說：「我從來就沒有工作過一天，因為我熱愛創造發明。」

3. 能力擅長度

生命事業要求的不只是有能力做好工作，而是在眾多能力中最擅長這一職業，在面臨挑戰的時候，願意用不懈的堅持去解決，並在這個過程中提升自己的能力與水平。

4. 事業與財富

生命事業必須包含財富的滋養，如果我們做的一份事業得不到財富的滋養，我們在財富上是匱乏的，那麼我們的眼光和精力很有可能會聚焦於我們如何生存，根本談不上如何生活得更美好，更談不上生命的價值與意義的追

求。生命事業一定是你在付出給這個社會的同時得到財富的回流，這是對你的天賦與貢獻的獎勵。

5. 關係與健康

你所從事的事業必須保證你方方面面的關係的融洽甚至親密，同時還必須保證你的健康這個前提，有了健康的身體作為保障，有了融洽的關係作為動力，你的事業才可能成為你真正的生命事業。

6. 道路與團隊

如果你的事業有一條「學、行、傳」的道路，有一個團隊在不斷地學習精進、實踐行動、教授傳播的過程中成為靈魂團隊，那麼這樣的事業將是一個永恆持續的事業，一份真正的生命事業。

7. 使命與意義

「我是誰？」「我從哪裡來？」「我要到哪裡去？」不只是很多哲學家思考的問題，我們每一個人都要常常問問自己，「我到底是誰？」「我的生命經由何來？」「我為什麼而來？」「我要去向哪裡？」「我的人生到底要怎樣度過才更有價值與意義？」如果一個人對這些問題的回答越清晰，他就越不會盲目地為暫時的生存之計而找工作，而會有長遠的眼光。有的人為錢而工作，可是有錢之後也不快樂，那就是他們沒有明白自己的人生使命與價值。

如果我們在學習當中就能有這樣的意識，我們就會少走彎路，我們就會很有動力；如果我們在工作之初就能思考這樣的問題，我們就不會不知道自己到底要做什麼；如果我們能從以上七個方面不斷修正、接近、符合那樣的標準，那我們就是在從事我們的生命事業，我們的人生就一定很有價值，而且這樣的人生才是快樂幸福的人生。

國家圖書館出版品預行編目（CIP）資料

兒童心理發展與家庭教育智慧 / 胡朝兵 , 張興瑜 主編 .
-- 第一版 . -- 臺北市：崧燁文化，2019.07
　　面；　公分
POD 版

ISBN 978-957-681-871-4(平裝)

1. 兒童心理學 2. 家庭教育

173.1　　　　　　　　　　　　　　　　　　108010018

書　　名：兒童心理發展與家庭教育智慧
作　　者：胡朝兵、張興瑜 主編
發 行 人：黃振庭
出 版 者：崧燁文化事業有限公司
發 行 者：崧燁文化事業有限公司
E - m a i l：sonbookservice@gmail.com
粉 絲 頁：　　　　　　　　網　址：
地　　址：台北市中正區重慶南路一段六十一號八樓 815 室
8F.-815, No.61, Sec. 1, Chongqing S. Rd., Zhongzheng Dist., Taipei City 100, Taiwan (R.O.C.)
電　　話：(02)2370-3310　傳　真：(02) 2370-3210
總 經 銷：紅螞蟻圖書有限公司
地　　址: 台北市內湖區舊宗路二段 121 巷 19 號
電　　話:02-2795-3656 傳真:02-2795-4100　　網址：
印　　刷：京峯彩色印刷有限公司（京峰數位）

　　本書版權為西南師範大學出版社所有授權崧博出版事業股份有限公司獨家發行電子書及繁體書繁體字版。若有其他相關權利及授權需求請與本公司聯繫。

定　　價：300 元
發行日期：2019 年 07 月第一版
◎ 本書以 POD 印製發行